Das Passwort fürs Leben heißt Humor

Martin-Niels Däfler

Das Passwort fürs Leben heißt Humor

Die 44 Geheimnisse gelassener Menschen

2. Auflage

Martin-Niels Däfler
Aschaffenburg, Bayern
Deutschland

ISBN 978-3-658-30068-5   ISBN 978-3-658-30069-2 (eBook)
https://doi.org/10.1007/978-3-658-30069-2

Die Deutsche Nationalbibliothek verzeichnet diese Publikation in der Deutschen Nationalbibliografie; detaillierte bibliografische Daten sind im Internet über http://dnb.d-nb.de abrufbar.

© Der/die Herausgeber bzw. der/die Autor(en), exklusiv lizenziert durch Springer Fachmedien Wiesbaden GmbH, ein Teil von Springer Nature 2017, 2020
Das Werk einschließlich aller seiner Teile ist urheberrechtlich geschützt. Jede Verwertung, die nicht ausdrücklich vom Urheberrechtsgesetz zugelassen ist, bedarf der vorherigen Zustimmung des Verlags. Das gilt insbesondere für Vervielfältigungen, Bearbeitungen, Übersetzungen, Mikroverfilmungen und die Einspeicherung und Verarbeitung in elektronischen Systemen.
Die Wiedergabe von allgemein beschreibenden Bezeichnungen, Marken, Unternehmensnamen etc. in diesem Werk bedeutet nicht, dass diese frei durch jedermann benutzt werden dürfen. Die Berechtigung zur Benutzung unterliegt, auch ohne gesonderten Hinweis hierzu, den Regeln des Markenrechts. Die Rechte des jeweiligen Zeicheninhabers sind zu beachten.
Der Verlag, die Autoren und die Herausgeber gehen davon aus, dass die Angaben und Informationen in diesem Werk zum Zeitpunkt der Veröffentlichung vollständig und korrekt sind. Weder der Verlag, noch die Autoren oder die Herausgeber übernehmen, ausdrücklich oder implizit, Gewähr für den Inhalt des Werkes, etwaige Fehler oder Äußerungen. Der Verlag bleibt im Hinblick auf geografische Zuordnungen und Gebietsbezeichnungen in veröffentlichten Karten und Institutionsadressen neutral.

Planung/Lektorat: Ann-Kristin Wiegmann
Springer ist ein Imprint der eingetragenen Gesellschaft Springer Fachmedien Wiesbaden GmbH und ist ein Teil von Springer Nature.
Die Anschrift der Gesellschaft ist: Abraham-Lincoln-Str. 46, 65189 Wiesbaden, Germany

Meinem Papa für alles, was er mir mitgegeben hat

Vorwort zur 2. Auflage

Liebe Leserinnen und Leser,
so etwas gab es noch nie – Gesellschaft und Wirtschaft rund um den Globus befanden sich in Schockstarre. Lockdown! Der schwarze Schwan „Corona" stellte so ziemlich alles in unserem Leben auf den Kopf. Noch Jahre werden die Nachwirkungen zu spüren sein – wirtschaftlicher ebenso wie persönlicher Art. Es war eine Krise, die an den Grundpfeilern unseres Verständnisses von Zusammenleben und -arbeiten rüttelte, und zwar sehr massiv. Negatives wie Positives brachte diese Krise hervor. Profitiert davon haben das Klima und die Umwelt – so klar war die Luft in Peking, Mailand und Stuttgart schon lange nicht mehr. Nicht wenige interpretierten die Pandemie als Warnschrei der Erde gegen eine immer rücksichtslosere Ausbeutung. Gewinner waren einige wenige Branchen, Klopapierhersteller und Pornoportale hatten Hochkonjunktur. Helden wurden geboren,

Helfer leisteten schier Unmögliches. Empathie, Solidarität, Optimismus und Neugier wurden entfesselt.

Dem standen und stehen jedoch deutlich mehr Verlierer gegenüber: Klein- und Kleinstunternehmer, finanzschwache Firmen, Künstler, Kreative und manch andere mehr. Und natürlich zahlreiche Arbeitnehmer, die in Folge der Rezession ihre Jobs verloren. Während der Krise offenbarten sich egoistische Totalausfälle. Herdenverhalten, Panikmache und skrupellose Abzocker waren zu beobachten. Krisen zeigen halt die wahre Natur einer Person. Aber warum haben einige Menschen besonnen und zuversichtlich reagiert? Weshalb haben andere sich und ihr Umfeld verrückt gemacht? Wieso gelang es einigen, sofort die Ärmel hochzukrempeln und nach neuen Lösungen zu suchen, während andere in den Jammer-Modus schalteten und – so wie Babys nach der Mutter – nach dem Staat riefen, ihnen doch gefälligst zu helfen? Weshalb gab es einerseits Konservenhamster und andererseits wahre Samariter? Warum deckten sich einige mit dem Jahresbedarf an Rigatoni ein und prügelten sich beim ALDI um die letzte Dose „Feuerzauber Texas", während andere Zettel in der Nachbarschaft aufhängten und ihre Hilfe anboten? Die Antwort auf all diese Fragen ist schnell gegeben: Es ist die Fähigkeit eines Menschen, sich rasch auf neue Situationen einzustellen und positiv nach vorn zu schauen, kurz: das Ausmaß an Gelassenheit, das wir besitzen.

Gelassenheit war während der Hochphase der Pandemie insbesondere im Berufsleben erforderlich: Corona wirbelte innerhalb kürzester Zeit die Arbeitsweise in und zwischen Unternehmen durcheinander, intensiver als es der neueste Thermomix je könnte. Für viele Arbeitnehmer war von heute auf morgen Home-Office angesagt. Da hieß es, sich per Videokonferenz mit den Kollegen abzustimmen. Plötzlich musste man über eine Kollaborationssoftware

Dokumente mit dem Team teilen. Kongresse wurden online durchgeführt, Schulungen per Webinar abgehalten. Vor allem jedoch bedeutete das, viel eigenverantwortlicher und selbstständiger zu arbeiten, als dies jemals zuvor der Fall war. Und auf einmal merkten einige: Es geht ja, wenn es muss. Andere hingegen sträubten sich mit aller Macht gegen die unfreiwillig verordnete Arbeitsweise und sehnten die alten Zeiten herbei.

Die schlechte Botschaft für die zuletzt genannte Kategorie: Die „guten alten Zeiten" wird es nicht mehr geben. In unseren Unternehmen und Behörden – dazu benötigt man keine Kristallkugel – wird zukünftig noch mehr umstrukturiert und reorganisiert werden als es ohnedies davor der Fall war. Hatten Globalisierung und Digitalisierung schon zu erheblichen Neuerungen geführt, werden durch Corona Veränderungstempo und -intensität noch zunehmen. Der Virus wird unsere Arbeitswelt – und auch unsere Gesellschaft – stärker ändern als jede andere technische, methodische, politische oder ökonomische Errungenschaft. Warum wird diese besondere Phase der Menschheitsgeschichte unsere Unternehmen, Behörden, Kanzleien, Praxen, Werkstätten und Labore so nachhaltig ändern?

- Weil man neue Arbeitsmodelle (Home-Office, Remote-Work, Teilzeit …) im Realbetrieb testen konnte und erkannte, dass sie funktionieren. So wird man sie auch zukünftig praktizieren.
- Weil man nun auf längere Sicht – teilweise massiv – gezwungen ist, die Kosten zu senken und entsprechende Effizienzsteigerungsmaßnahmen einleiten wird.
- Weil bedingt durch die gesamtwirtschaftliche Abschwächung die Nachfrage sinken und die Kunden ihr Kaufverhalten reduzieren bzw. ändern werden, wodurch neue Erlösmodelle gefunden werden müssen,

was wiederum innerbetriebliche Veränderungen zur Folge haben wird.
- Weil die Krise manche Schwachpunkte in der Organisation aufgedeckt hat, die nun beseitigt werden sollen. So wird man beispielsweise sicherlich überdenken, ob die lagerlose Fabrik zukünftig noch Sinn macht. Vermutlich wird man auch in Erwägung ziehen, für die Produktion wichtige Teile wieder selbst herzustellen.
- Weil Roboter und Algorithmen nicht von Viren befallen werden, wird die Digitalisierung noch schneller voranschreiten.

In nahezu jedem Betrieb und in jeder Behörde stehen also erhebliche Änderungen an oder wurden bereits in Angriff genommen. Für einige Menschen sind das positive Nachrichten – sie freuen sich darauf, an diesen Veränderungen mitzuwirken. Gleichzeitig gibt es jedoch auch sehr viele Zeitgenossen, die diesen Zeiten mit Schrecken entgegensehen. Sie haben Angst vor dem Neuen. Sie tun sich sehr schwer mit Veränderungen und blicken sorgenvoll in die Zukunft. Vor diesem Hintergrund war „Das Passwort fürs Leben heißt Humor" selten aktueller als heute, weshalb sich der Verlag und ich zu einer Neuauflage entschlossen haben. Neben einigen stilistischen Verbesserungen habe ich in manchen Kapiteln zusätzliche Aspekte aufgegriffen sowie weitere Quellen genannt.

Ich wünsche Ihnen viel Lesevergnügen sowie stets Zuversicht und Gelassenheit!

Frühjahr 2020   Martin-Niels Däfler

Vorwort zur 1. Auflage

Montagmorgen. Sie haben verschlafen und nun muss alles mal wieder ganz schnell gehen. In der Eile tropft Ihnen Himbeermarmelade vom Toast auf Ihre strahlend weiße Bluse (oder Ihr Hemd). Sohnemann hat die Monatskarte für den Bus verlegt und Seraphina-Celine möchte die zurechtgelegten Klamotten partout nicht anziehen. Kurz bevor Sie dann endlich das Haus verlassen wollen, fällt dem Nachwuchs ein, dass ja noch Hausaufgaben zu erledigen sind. Und Sie? Sie haben heute gleich als ersten Termin ein sehr unangenehmes Gespräch mit einem unzufriedenen Kunden, zu dem Sie tunlichst pünktlich erscheinen sollten. Willkommen in der Vorhölle! An solchen Tagen denken Sie sich doch: Irgendjemand hat sich gegen mich verschworen.

Ich stelle mir den großen Weltenlenker an seinem riesigen Steuerpult vor, etwa so wie in der Kommandozentrale vom Raumschiff Enterprise. Dort sitzt er also und ist schlecht drauf. Er hat Rücken. Kein Wunder – er muss ja schon seit 13,8 Mrd. Jahren die Geschicke des Universums leiten. Bei dem Alter ist es nicht außergewöhnlich, wenn sich leichte Degenerationserscheinungen des Bewegungsapparates breitmachen. Zu allem Übel ist auch noch Montag und er muss wieder arbeiten. Das Wochenende war auch nicht so toll – schon wieder gab's 'ne Supernova in der Kleinen Magellanschen Wolke; 'ne ganze Galaxie futsch. Wenn das so weitergeht … Da hockt also der Boss des Kosmos und hat eine Laune, als ob ihm das Glücksbärchen ins Müsli gespuckt hätte. Er überlegt, ob er sich zur Stimmungsaufhellung einen Mariacron einschenken soll. Doch dann fällt ihm wieder ein, was der Arzt gesagt hat. Bei seinen Leberwerten bräuchte er eigentlich schon längst ein Spenderorgan. Das Problem ist nur, dass es kaum gleichaltrige Spender gibt. Und wenn, dann haben sie keinen Organspenderausweis. Es ist nicht immer erfreulich, oberster Chef zu sein. So beschließt er, seinen Cognac erst nach der Frühstückspause einzunehmen und stattdessen was anderes zu machen, um sein Gemüt zu erheitern. Da kommt ihm eine Idee!

„Heute möchte ich mal jemanden aus der Milchstraße ärgern. Da nehm' ich doch das Sonnensystem. Ja, genau die Erde; den Mars hatte ich ja erst letzte Woche. Gut, und wen suche ich mir da jetzt raus?" In despotischer Manier entscheidet sich der Master of the Universe für … Michaela aus Stuttgart-Untertürkheim. (Mancher Leser wird jetzt denken: Hurra – einen Schwaben hat's getroffen, der Maestro da oben macht alles richtig.) So erwischt es also an diesem Montagmorgen die eigentlich völlig unschuldige Michaela – und das nur, weil der große Bestimmer Rücken hat und sich abreagieren will. Da wünschen Sie sich eine XL-Portion Gelassenheit – so, wie sie wohl Dani Alves besitzen muss.

Vor ein paar Jahren war der FC Barcelona zu Gast beim FC Villarreal. Eckball für die Katalanen. Der brasilianische

Vorwort zur 1. Auflage

Abwehrspieler Dani Alves will gerade Anlauf nehmen, um die Ecke zu treten, als er von einem Zuschauer mit einer Banane beworfen wird. Was macht der Fußballer? Anstatt sich wegen dieser rassistischen Tat zu ärgern oder zu fluchen, hebt er die Tropenfrucht in aller Seelenruhe auf, schält sie, beißt beiläufig ab und schießt danach die Ecke.[1]

Ganz schön gelassen. Wären Sie nicht auch gern so entspannt wie Alves? Nun, ganz so einfach ist es nicht, aber es ist auch nicht unmöglich. Meine These lautet: Gelassenheit lässt sich durchaus erlernen – so wie Marimbafon spielen oder Koreanisch sprechen. Natürlich kommt es auch auf die Persönlichkeitsmerkmale an. Während neben dem einen eine Bombe explodieren könnte und er immer noch ruhig lächeln würde, rastet ein anderer schon aus, wenn er freitagabends im Supermarkt einen Wurstthekenrentner vor sich hat, der sich die genaue Zusammensetzung aller 17 Aufschnittsorten in Seelenruhe erklären lässt. Aber es sind eben nicht nur unsere Charakterzüge, sondern auch die Kenntnis einiger Lebensweisheiten und Werkzeuge, die maßgeblich dazu beitragen, wie gelassen wir sind.

Das Bedürfnis nach Gelassenheit hat in den letzten Jahrzehnten enorm zugenommen. Je mehr sich unsere Umwelt beschleunigt, desto größer wird der Wunsch nach Stabilität. Je mehr Bälle der moderne Mensch gleichzeitig in der Luft halten muss, je umfangreicher das Angebot an Jauch-Plasberg-Will-Talkshows wird und je mehr AfD-Idioten den Leuten mit ihren dämlichen Parolen Angst machen, desto schneller wächst das Bedürfnis nach Ruhe und Rückzug. Deshalb kann es nicht überraschen, wenn der „Markt" für Gelassenheit beständig größer wird.

---

[1] http://www.spiegel.de/sport/fussball/dani-alves-beisst-in-banane-alsreaktion-auf-rassismus-a-966463.html und https://www.youtube.com/watch?v=sQOYyviANak.

Wir nutzen die Achtsamkeits-App „Zenify" auf dem Smartphone. Wir pilgern zu Vorträgen von Gelassenheits-Apologeten und anderen Erleuchteten. Wir verrenken uns sämtliche Knochen im Yoga-Kurs und belegen bei der Volkshochschule Meditationsseminare. Wir schlürfen Kräutertees und Detox-Smoothies. Auf der Fahrt in die Arbeit lauschen wir Hörbüchern des Dalai Lama. Im Büro plätschern Zimmerbrunnen und unsere Wohnzimmer verzieren wir mit fernöstlichen Wandtattoos: „Ein Boot, das nicht angebunden ist, treibt mit dem Strom." Wenn's mal besonders stressig wird, greifen wir einfach zu Buntstiften und kritzeln in Ausmalbüchern für Erwachsene herum.

Da drängt sich mir die Frage auf: Was bringen all diese Bemühungen? Wie gelassen sind wir inzwischen? Das hat mich interessiert. Und so bin ich ausgezogen, auf der Suche nach Gelassenheit. Ich habe mich dabei in Büros ebenso umgesehen wie in Kindergärten, habe an Flughäfen und Bahnhöfen die Ohren gespitzt, habe auf der Autobahn die anderen Fahrer beobachtet, habe als Kunde getarnt in Supermärkten meine Observationen angestellt, habe Liter von Schweiß im Fitnessstudio vergossen, um mehr zu erfahren, und habe so manch anderes angestellt, um Antworten auf meine Frage zu finden. Sehr aufschlussreich waren Restaurant- und Kneipenbesuche, wie sie oft auf Geschäftsreisen unvermeidbar sind. Was man da an Nachbartischen hört und erlebt, selbst wenn man es gar nicht will. Das lässt tief blicken in die Abgründe menschlicher Seelen! Liebespaare, beste Freunde, Arbeitskolleginnen, eine Skatrunde – wer mir nichts ahnend da so alles intimste Aufreger offenbart hat. Wohlgemerkt: Ich habe nicht gelauscht – man hat sich einfach so laut unterhalten. Da flippt beispielsweise einer aus, weil sein Essen nach zehn Minuten noch nicht gebracht wurde, und rennt wutschnaubend in Richtung Küche, um sich zu beschweren. Ich hatte schon Angst, dass der Typ infolge von Unterzuckerung auf dem Weg zum Koch zusammenbricht und ich Erste Hilfe leisten muss.

Auch in Nachrichtenmagazinen, Foren- und Blogbeiträgen habe ich recherchiert. Meine Güte, was ich da alles so gelesen habe! Wie etwa einen Fall aus Hamburg, als Eltern bei einem Kinderfußballturnier wegen einer strittigen Schiedsrichterentscheidung auf Achtjährige einschlugen.[2] Tja, da macht das Kloppen noch so richtig Spaß, wenn man nur mit geringer Gegenwehr rechnen muss. Sehr aufschlussreich ist auch, was Bordgastronomen über ihre Kunden in den Zügen der Deutschen Bahn berichten (vgl. Quecke 2020).

Ich habe auch aufgepasst, wenn die Teilnehmer meiner Coachings, Seminare und Workshops aus ihrem Leben berichtet haben. Aus erster Hand haben mir Hunderte von Menschen, von Oldenburg bis Fürstenfeldbruck, ihre täglichen Ärgernisse anvertraut, haben erzählt, was sie auf die Palme bringt.

Nun, wie Sie schon vermuten, war das Ergebnis meiner vielfältigen Beobachtungen ernüchternd. Wer offenen Auges durch die Welt schlendert, sieht: Wir fluchen und fauchen. Wir giften und gätzen. Wir schlucken den Groll oder wahlweise Tranquilizer runter. Wir rennen zum Psychotherapeuten oder mit uns selbst im Stadtpark um die Wette. Nur eines sind wir ganz selten: gelassen. Wir haben vergessen, dass das Passwort fürs Leben „Humor" lautet.

---

[2] http://www.spiegel.de/schulspiegel/hamburg-schlaegerei-bei-kinderfussballturnier-mehrere-verletzte-a-1072507.html.
  Ach, noch etwas: Ich bezeichne im Folgenden gelassene Menschen als GEMs – zum einen liest sich das leichter und zum anderen gefällt mir die Abkürzung. „Gem" ist nämlich englisch und bedeutet Edelstein; außerdem wird „gem" in einem übertragenen Sinn verwendet, nämlich in der Bedeutung von „Prachtstück" oder „you are a gem" – „Du bist ein Schatz".

Es scheint: Uns ist der Maßstab abhandengekommen – selbst über Nichtigkeiten regen wir uns dermaßen auf, gerade so, als ob unsere Existenz auf dem Spiel stehen würde. Minimale Ärgernisse erleben wir als Katastrophe. Auf das umgekippte Rotweinglas reagieren wir mit der gleichen Heftigkeit wie auf die betriebsbedingte Kündigung. Die kleinen, alltäglichen Widrigkeiten belasten uns in nahezu ähnlicher Intensität wie tatsächlich schwerwiegende Einschnitte in unserem Leben.

Und so ist auch klar, dass wir in vielerlei Hinsicht gewinnen würden, wenn wir gelassener wären. Unsere Lebensqualität würde enorm steigen. Vermutlich wären wir auch gesünder, weil wir weniger Stress empfinden und so wahrscheinlich unsere Lebenserwartung steigern würden. So zeigte eine Studie an der University of North Carolina (vgl. Williams et al. 2000), dass Menschen, die sich häufig ärgern mit einer drei Mal höheren Wahrscheinlichkeit einen Herzinfarkt erleiden. Möglicherweise würden wir auch klügere Entscheidungen treffen, da sich entspannte Menschen nicht so unter Druck setzen lassen und sich mehr Zeit zum Nachdenken nehmen. Und schließlich würde uns auch mehr Freundlichkeit begegnen. Gemäß dem Prinzip der Reziprozität – einfach gesagt: „So wie es in den Wald hineinruft, so schallt es heraus" – würde unser Umfeld positiv auf unser gelassenes/gelasseneres Verhalten reagieren, ein „Engelskreislauf" würde in Gang gesetzt.

Tja, aber was macht uns denn nun gelassen? Es ist anzunehmen, dass es nicht das Wand-Tattoo oder das Ausmalbuch ist. Was hilft wirklich? Welche Rezepte befolgen wahrhaft entspannte Zeitgenossen? Um diese Fragen zu beantworten, habe ich mich mit Menschen unterhalten, die ihren (inneren) Frieden gefunden haben. Vor allem jedoch basieren meine Aussagen auf wissenschaftlichen

Fakten, insbesondere aus der Verhaltenswissenschaft. Darüber hinaus habe ich Erkenntnisse aus vergangenen Epochen verarbeitet. Denn: Wer denkt, der Wunsch, gelassener zu sein, wäre ein Phänomen des 21. Jahrhunderts, der täuscht sich. Bereits im alten Griechenland beschäftigte man sich vor über 2000 Jahren damit, wie man unaufgeregter durchs Leben kommt. Die Stoiker um Zenon von Kition suchten im dritten vorchristlichen Jahrhundert Antworten, ebenso wie später die Römer Seneca und Marc Aurel. Die Themen waren natürlich andere als heute – man klagte weniger über die lahme Internetverbindung als vielleicht über die Abzockmaschen des Fischhändlers oder die Faulheit der Sklaven.

Später, im 13. Jahrhundert, erkannte der Theologe und Philosoph Meister Eckhart: „Man muss erst lassen können, um gelassen zu sein." Gut, wir wissen nicht, wie er das genau meinte – vielleicht dachte er eher in die Richtung: „Man muss erst mal richtig einen fahren lassen, um entspannt zu sein"? Könnte durchaus sein, hat doch Martin Luther festgestellt: „Aus einem traurigen Arsch fährt nie ein fröhlicher Furz." Wie auch immer: Ob belastender Gedanke oder drückende Blähung – wenn wir uns von dem verabschieden, was uns nicht guttut, geht es uns besser.

Genug gequatscht. Ich habe meine Einsichten und Erkenntnisse zu den 44 Geheimnissen gelassener Menschen verdichtet, die ich in sechs Kapitel gegliedert habe: Wie gelassene Menschen ...

- das Leben sehen („Eins habe ich in Mathe gelernt – geht es zu leicht, ist es falsch"),
- sich selbst sehen („Ich hab' keine Macken – das sind Special Effects"),
- andere sehen und ihnen begegnen („Dich mag ich – du hast genauso einen an der Klatsche wie ich"),

- sein wollen („Ich stehe nicht im Regen – ich dusche unter Wolken"),
- sich im Alltag verhalten („Ich bin nicht faul – nur hoch motiviert, nichts zu tun") und
- mit Problemen umgehen („Das Passwort fürs Leben heißt Humor").

Lassen Sie sich von diesen Erfolgsrezepten inspirieren und werden Sie auf diese Weise gelassener. Viel Erfolg dabei wünscht Ihnen.

Aschaffenburg, Deutschland   Martin-Niels Däfler
im April 2017/März 2020

Inhaltsverzeichnis

Teil I   Eins habe ich in Mathe gelernt – geht es zu leicht, ist es falsch

1	Gelassene Menschen haben eine Macke	3
2	Gelassene Menschen verstehen sich als Gestalter ihres Lebens	7
3	Gelassene Menschen rechnen stets mit Problemen	13
4	Gelassene Menschen leben im Hier und Heute	19
5	Gelassene Menschen haben Vertrauen in die Zukunft	25
6	Gelassene Menschen planen ihr Leben maßvoll	31

Teil II	**Ich hab keine Macken – das sind Special Effects**	
7	Gelassene Menschen haben Selbstvertrauen	39
8	Gelassene Menschen wollen nicht perfekt sein	45
9	Gelassene Menschen lassen sich nichts vorschreiben	51
10	Gelassene Menschen nehmen sich selbst nicht zu ernst	57
Teil III	**Dich mag ich – du hast genauso einen an der Klatsche wie ich**	
11	Gelassene Menschen haben ein positives Menschenbild	65
12	Gelassene Menschen hören zu	69
13	Gelassene Menschen fragen nach	75
14	Gelassene Menschen versuchen, andere zu verstehen	81
15	Gelassene Menschen bewerten nicht alles	87
16	Gelassene Menschen lügen nicht	93

17	Gelassene Menschen sagen nicht alles, was sie denken	99
18	Gelassene Menschen lösen Konflikte konstruktiv	105

Teil IV Ich stehe nicht im Regen – ich dusche unter Wolken

19	Gelassene Menschen wollen optimistisch sein	113
20	Gelassene Menschen wollen freundlich sein	119
21	Gelassene Menschen wollen dankbar sein	125
22	Gelassene Menschen wollen tolerant sein	129
23	Gelassene Menschen wollen pragmatisch sein	133

Teil V Ich bin nicht faul – nur hoch motiviert, nichts zu tun

24	Gelassene Menschen kümmern sich um sich	141
25	Gelassene Menschen genießen das Leben	147

26	Gelassene Menschen sprechen positiv	153
27	Gelassene Menschen nehmen sich Zeit für das, was sie tun	159
28	Gelassene Menschen können „Nein" sagen	163
29	Gelassene Menschen nehmen sich nicht zu viel vor	169
30	Gelassene Menschen schaffen sich ein Wohlfühl-Umfeld	173
31	Gelassene Menschen bewegen sich regelmäßig	179
32	Gelassene Menschen betreiben Körperpflege	183
33	Gelassene Menschen achten auf ihre Körperhaltung	189
34	Gelassene Menschen pflegen Freundschaften	195
35	Gelassene Menschen meiden Miesepeter	201

Teil VI   Das Passwort fürs Leben heißt Humor

36	Gelassene Menschen erkennen die Verhältnismäßigkeit	209
37	Gelassene Menschen nehmen Dinge nicht persönlich	215

38	Gelassene Menschen sprechen an, was sie stört	221
39	Gelassene Menschen haben meistens einen Plan B	227
40	Gelassene Menschen sehen das Gute im Schlechten	233
41	Gelassene Menschen betrachten Probleme als Lernmöglichkeit	239
42	Gelassene Menschen lenken sich ab	243
43	Gelassene Menschen ändern, was sie stört	249
44	Gelassene Menschen akzeptieren, was passiert ist	255

Schlusswort: Mach dich lässig!   259

Literatur   263

Über den Autor

Prof. Dr. Martin-Niels Däfler hilft, gelassen mit Veränderungen und Stress umzugehen. In begeisternden Vorträgen, inspirierenden Workshops und praxisorientierten Onlinekursen gibt er sein Wissen weiter. Als erfahrener Redner, Trainer und Coach ist Däfler deutschlandweit gefragter Experte. 20 Bücher, mehr als 170 Fachartikel, zahlreiche Print-/TV- sowie Radio-Interviews haben ihn zu einem der bekanntesten Fachleute in seinem Genre gemacht.

DAX-Konzerne (wie Lufthansa und Fresenius) vertrauen ebenso auf Däflers Expertise wie mittelständische Unternehmen, Verbände oder Kommunen. Egal ob Sie Däfler für einen unterhaltsamen Vortrag zur Auflockerung einer Fachtagung, als Höhepunkt einer Kunden-/Mitarbeiter-/Vertriebsveranstaltung oder als Dozenten für einen hausinternen Workshop verpflichten möchten – Eines ist garantiert: Es macht einfach Spaß, ihm zuzuhören und zu erleben. Locker, humorvoll, mitunter flapsig, stets aber gut belegt und wertschätzend, vermittelt der sympathische Hochschullehrer sein umfangreiches Knowhow. Nah dran am Leben, voller Praxisbeispiele und gewürzt mit einer großen Portion Selbstironie werden die Teilnehmer mit einer Fülle von Tipps und Impulsen versorgt. Die klare Struktur und die abwechslungsreiche Darbietung (mit Videos, Experimenten und Mitmachübungen) seiner Vorträge und Workshops faszinieren tausende von Zuhörern jedes Jahr.

Däfler wurde 1969 in Mainz geboren und hat in Würzburg sowie Adelaide (Australien) BWL studiert. Danach hat er für die Boston Consulting Group (München) sowie den Deutschen

Sparkassen- und Giroverband (Berlin) als Kommunikationsberater gearbeitet.

Seit dem Jahr 2010 lehrt Däfler als hauptamtlicher Professor im Fachbereich Kommunikation an der FOM Hochschule in Frankfurt am Main; für den Harvard Business Manager und die Huffington Post bloggt er. In Heigenbrücken (im Spessart) hat Däfler die einmaligen Erlebnislehrpfade KommunikationsWALD und GlücksWEG errichtet. In seiner Freizeit entdeckt Däfler die Natur im Pferde- sowie Fahrradsattel, verrenkt sich sämtliche Knochen beim Yoga und steht leidenschaftlich gern mit einem Glas Sauvignon blanc am Herd. Er hat zwei wundervolle Kinder. Mit seiner Frau lebt er in Aschaffenburg.

prof@daefler.de
www.profdaefler.de

Teil I

Eins habe ich in Mathe gelernt – geht es zu leicht, ist es falsch

1

Gelassene Menschen haben eine Macke

Ja, man muss es so deutlich sagen. Gehobener würde man es so ausdrücken: GEMs leiden unter einer dissoziativen Identitätsstörung. Mit anderen Worten: In ihrem Kopf leben mehrere Persönlichkeiten. Warum? Weil GEMs sich paradox verhalten.

GEMs verstehen sich als Gestalter ihres Lebens, aber haben auch Vertrauen, dass irgendeine Macht es gut mit ihnen meint.

GEMs haben Vertrauen in die Zukunft, aber haben auch keine rosarote Brille auf und gehen die Dinge pragmatisch an.

GEMs sind ehrlich und lügen nicht, aber sie verletzen auch niemanden durch zu offene Worte.

GEMs lassen sich nichts vorschreiben, aber wollen auch dazulernen.

GEMs sind selbstbewusst und in einem gesunden Sinne egoistisch, aber nehmen auch auf andere Rücksicht.

GEMs genießen das Leben, aber sie übertreiben es auch nicht und achten auf ihre Gesundheit.

GEMs sind optimistisch, aber sie rechnen auch damit, dass immer wieder Probleme auftauchen.

GEMs leben im Hier und Heute, aber haben auch meistens einen vernünftigen Plan B.

GEMs verfügen zwar meistens über einen Plan B, aber planen auch ihr Leben nicht zu detailliert und bleiben flexibel, wenn sich die Situation ändert.

GEMs haben ein positives Menschenbild, aber sind auch nicht naiv und lassen sich nichts vorschreiben.

GEMs sind tolerant, aber meiden auch Menschen, die ihnen nicht gut tun.

GEMs ändern, was sie stört, aber akzeptieren auch, was nicht zu ändern ist.

GEMs betrachten Probleme als Lernmöglichkeit und denken darüber nach, aber sie lenken sich auch ab.

GEMs sprechen an, was sie stört, aber sie sind auch freundlich.

Viele weitere paradoxe Eigenschaften und Verhaltensweisen ließen sich anführen. Da drängt sich mir die Frage auf: Sind GEMs ein Fall für die Klinik? Sollte man sie nicht besser auf die Couch legen und einer Psychoanalyse unterziehen? Oder ihnen wirksame Neuroleptika und Sedativa verschreiben? Neurexan soll ja ganz gut helfen. Nun, ich denke nicht. Lieber habe ich Menschen um mich, die unter einer solchen Persönlichkeitsstörung leiden, aber gelassen sind und mit ihrer freudigen Unaufgeregtheit eine wohltuende Atmosphäre verbreiten, als dass ich solchen Zeitgenossen begegne, die beim Metzger ausflippen, weil der Sülzpresssack ausverkauft ist. Oder mit dem Psychiater Manfred Lütz (2009, S. XIII) gesprochen:

> Wir behandeln die Falschen! Unser Problem sind nicht die Verrückten, unser Problem sind die Normalen.

Die Widersprüchlichkeit, die GEMs offenbaren, ist in Wirklichkeit keineswegs Ausdruck einer gespaltenen Persönlichkeit, sondern vielmehr Zeichen einer besonderen Form von Intelligenz. Es ist die Gabe, das rechte Maß zu finden und scheinbar Unvereinbares unter einen Hut zu bekommen. Es ist die Kunst, die Gegensätze des Lebens auszuhalten. Gehoben würde man von Ambiguitätstoleranz sprechen. Und es ist die Fähigkeit, situativ zu entscheiden, was zu tun und was zu lassen ist. Die wissen zum Beispiel ganz genau, dass sie eine Gruppe Jugendlicher mit kahl rasierten Schädeln und Springerstiefeln lieber nicht darum bitten, eine Petition für die bessere Integration von Flüchtlingen zu unterzeichnen.

GEMs sind nicht Dr. Jekyll und Mr. Hyde – eher sind sie Ernie und Bert in einer Person: Sowohl das spitzbübische, kindliche und unbeschwerte Element eines Ernies tragen sie in sich als auch das ruhige, kontemplative und abgeklärte Wesen eines Berts. Wenn es die Lage erfordert, gehen sie rational und analytisch an die Sache heran, doch ansonsten spazieren sie sorglos durch den Alltag. Überhaupt: In einem übertragenen Sinn spazieren sie tatsächlich viel häufiger, als dass sie rennen würden, haben sie doch kapiert, dass sie meistens schneller vorankommen, wenn sie langsamer machen. Gut, wenn sie gerade die Straße überqueren und einen Bierlaster auf sich zurasen sehen, dann legen sie schon mal einen Schritt zu, weil sie sonst ganz viel Zeit haben würden – im Krankenhaus oder gar auf dem Friedhof.

So bedächtig GEMs im Regulärbetrieb sind, so schnell können sie in Krisensituationen sein, und zwar schnell im Vergessen. Alles Schlimme und Schlechte, was ihnen zustößt, haken sie ganz flott ab. Das Handy, das ihnen in die Kloschüssel fällt, entlockt ihnen nur ein kurzes „Scheiße" – was in diesem Fall durchaus in einem doppelten Sinn zutreffen kann –, sie greifen beherzt zu und hoffen, dass aus dem Smartphone kein funktionsuntüchtiges Stinkphone geworden ist. Falls dem doch so sein sollte, grämen sie sich nicht ob dieses Vorfalls; sie vergessen das, was passiert ist, innerhalb von Minuten. Partiell-temporäre Demenz! Festplatte formatiert! Gleich danach freuen sie sich, dass sie nun einen guten Grund haben, sich das neue iPhone18 kaufen zu können.

Insofern sind GEMs also Menschen der zwei Geschwindigkeiten: Im Standardmodus „ruhig", im Alarmfall „rasch" – dann spulen sie einfach geschwind vor und wenden sich gleich danach wieder unbekümmert dem Alltag zu – bis die nächste Katastrophe passiert. Mal ehrlich: Wer das kann, muss echt einen Lattenschuss haben! Wohl dem, der das von sich behaupten kann, er bringt damit nämlich die besten Voraussetzungen mit, an diesem Leben nicht zu verzweifeln.

2

Gelassene Menschen verstehen sich als Gestalter ihres Lebens

Spricht man nach der fünften Flasche Rotwein mit guten Freunden darüber, inwieweit wir Herr über uns selbst sind, wie sehr wir über unser Schicksal verfügen, wer tatsächlich am Lenkrad unseres Lebens sitzt, dann bekommt man meist drei recht extreme Antworten:

1. Die einen sind überzeugt: „Och, da existiert eine kosmische Macht, die mich steuert. Ich lass' mal alles auf mich zukommen, ich kann ja doch nix ändern. Ist sowieso alles vorherbestimmt."
2. Die anderen meinen: „Völliger Quatsch. Ich bin mein eigener Chef, und durch mein Handeln bestimmt sich, wohin die Reise geht. Allein ich gebe die Richtung vor."
3. Und schließlich die Dritten, die lallen: „Isch mirr völlig egaaal, Hauptsache, du machst jedzt noch flott ne Flasche Wein auf."

GEMs allerdings lassen sich weder der Kategorie der Fatalisten zuordnen, noch gehören sie zu denjenigen, die an absolute Selbstbestimmung glauben. Sie haben ja eben erst gelesen, dass entspannte Menschen einen Hang zur Schizophrenie haben. Und dies zeigt sich hier in besonderem Maße. Denn: Einerseits haben sie den festen Glauben, dass es irgendeine Macht gibt, die schon dafür sorgt, dass ihr Leben in guten Bahnen verläuft (damit beschäftigen wir uns später noch ausführlich). Andererseits sind sie auch der Ansicht, dass kaum etwas in ihrem Leben ohne ihr Zutun passiert. Sie übernehmen Verantwortung für ihr Schicksal und delegieren es nicht an eine höhere Instanz mit unbekanntem Aufenthaltsort. Für GEMs ist klar: Wenn ich Durst habe, bitte ich nicht jemand anderen, für mich zu trinken, sondern mache das selbst. Entspannte Zeitgenossen erleben sich nicht als Opfer ohne Handlungsspielräume. Der Veränderungsexperte Ilja Grzeskowitz (2014, S. 118, 120, 124 f.) meint:

> Sie sind für Ihre Ergebnisse und Ihr Leben verantwortlich. Niemand anderes wird Ihnen jemals eine Chance geben. […] Doch weil viele Leute dafür nicht bereit sind, nutzen sie die Flucht in die Opferrolle als perfekte Begründung, warum sie nicht das geschafft haben, was sie sich vor langer Zeit einmal vorgenommen hatten […] Natürlich ist es einfach, sich in die Opferrolle zu flüchten und sich damit abzufinden, dass man ja doch nichts ändern kann. Doch es ist und bleibt eine Ausrede, um in der eigenen Komfortzone bleiben zu können.

Das im islamischen Kulturkreis verbreitete „Kismet" (also die Vorherbestimmtheit des Schicksals) ist GEMs fremd. Ihnen ist bewusst, dass sie ihr Leben selbst gestalten können. Das fängt schon bei der Ernährung an. Während der Fatalist sagt: „Das Universum hat alles vorherbestimmt, auch, dass ich mir jetzt drei Whopper mit XL-Pommes gönnen soll", und sich dann wundert, wenn er irgendwann nicht mehr in den Kinosessel passt, denken sich GEMs: „Ich könnte auch statt der Burger den Salat bestellen." Ordern tun sie zwar dann ebenfalls das Happy Meal, aber zumindest haben sie sich bewusst entschieden. Die haben kapiert: Das, was ich in mich reinstopfe, formt meinen Körper. Und dann ist es eben eine bewusste, selbstverantwortete Entscheidung, mit allen Konsequenzen, von denen sie überzeugt sind, dass sie schon nicht so schlimm sein werden.

So ist es nicht nur beim Essen, sondern in allen Lebensbereichen: GEMs gestalten ihr Leben aktiv und bewusst, in der Gewissheit, dass ihr Handeln richtig war und zu guten Ergebnissen führen wird. Dabei haben GEMs auch genau verstanden, dass es manche Dinge gibt, die einer willentlichen Beeinflussung nicht zugänglich sind, wie etwa die Ziehung der Lottozahlen oder der Ausgang des DFB-Pokalfinales. Dies akzeptieren sie und gestalten dort, wo es Spielräume gibt. Sie nehmen in Angriff, was sie belastet (siehe auch Geheimnis Nr. 43), und versuchen stets, ihr Leben in die Richtung zu bringen, die sie für erstrebenswert erachten, weshalb sie auch über Lebensziele (siehe Geheimnis Nr. 6) verfügen. Der österreichische Journalist und Autor Josef Kirschner drückte das in seinem Buch „Die Kunst, ein Egoist zu sein" (2000, S. 14) so aus:

> Wer nicht bereit ist, sein Leben selbst zu bewältigen und das persönliche Glück mit Zähnen und Krallen gegen alle zu verteidigen, die ihn daran hindern wollen, hat nicht die geringste Chance, dass sein Leben ihm Erfüllung bringt.

Wie lässt sich diese scheinbar so widersprüchliche Lebenseinstellung, diese so schwer fassbare Kombination aus

Schicksalsergebenheit und Gestaltungswille erklären? In der einschlägigen Literatur wird oft ein Grund genannt. Es ist das „Gesetz der Anziehung" („Law of Attraction"), an das GEMs offenbar glauben. Aufgepasst! Wir begeben uns jetzt auf dünnes Eis, denn dieses „Gesetz" klingt wissenschaftlich fundiert, ist es aber nicht. Deshalb habe ich auch „glauben" geschrieben und nicht formuliert, dass GEMs dieses Gesetz „befolgen".

Worum geht es in diesem „Gesetz der Anziehung", das übrigens auch „Resonanzgesetz" genannt wird? Verkürzt gesagt behaupten die Verfechter dieses Gesetzes, dass alle unsere Gedanken und Gefühle Schwingungen aussenden, die sich auf die Umwelt übertragen und dann in der Realität zu entsprechenden Wirkungen führen. Also: Unsere Geisteswelt zieht ähnliche Gedanken und Gefühle an. Demnach müssen wir gar nicht viel tun, um unser Leben positiv zu gestalten – wir müssen nur unsere (geistige) Aufmerksamkeit auf das richten, was wir uns wünschen. Sie wünschen sich vom Universum einen Parkplatz direkt vor der Türe – und schwups ist er schon da (vgl. Sima 2019).

Zur theoretischen Begründung wird oftmals die moderne Quantenphysik bemüht. Nun, von der verstehe ich nicht so viel, aber ich habe einfach mal versucht, das „Resonanzgesetz" anzuwenden. Neulich in der Hochschule, ich musste mir Präsentationen der Studierenden anhören, richtete ich meine uneingeschränkte Aufmerksamkeit – die Betroffenen mögen mir dies nachsehen – auf ein kühles, frisch gezapftes Weizenbier. Und? Was ist passiert? Nichts! Gar nichts! Ganze zwei Stunden habe ich gewartet und kein Weizenbier wurde mir serviert. Das „Resonanzgesetz" ist völliger Quatsch!

Vielleicht habe ich es aber auch nur falsch angestellt und habe mir das Weizenbier nicht ernsthaft genug gewünscht? Eventuell hatte die für die Erfüllung des

2 Gelassene Menschen verstehen sich ...

Resonanzgesetzes zuständige Institution auch gerade wegen einer betriebsinternen Informationsveranstaltung geschlossen? Ich weiß es nicht. Hier spielt meine Meinung ja auch gar keine Rolle, entscheidend ist ja, woran echte GEMs glauben. Ich vermute: Die meisten GEMs sind kognitiv nicht auf dem Niveau von Tapetenkleister und wissen, dass alleiniges Wünschen und die Konzentration der Aufmerksamkeit auf das Desideratum nicht zwangläufig zum Eintritt des Erhofften führen. Vielmehr gehe ich davon aus, dass GEMs einfach Optimisten sind (damit werden wir uns noch beim Geheimnis Nr. 19 beschäftigen). Ob sich ihre Einstellung rational begründen lässt oder nicht, ist dabei unerheblich. Von Belang ist letztlich, dass sie bewusst Entscheidungen treffen und dann auf einen positiven Ausgang hoffen. Mit anderen Worten: GEMs glauben an ihre Gestaltungskraft und sind zuversichtlich. Wissenschaftlich mag dies schwer zu begründen sein, aber es hilft, gelassen zu werden. Und jetzt gehe ich einfach zum Kühlschrank und hole mir selbst ein Weizenbier. Prost!

3

Gelassene Menschen rechnen stets mit Problemen

GEMs sind Optimisten. Das haben Sie gerade gelesen. Das heißt aber nicht, dass sie die rosarote Brille aufhaben. Sie marschieren nicht naiv durchs Leben. Von selbigem wissen sie, dass es wie ein Strand ist: Es gibt tolle Momente, aber es wird auch viel Müll angespült. Der bereits zitierte Josef Kirschner (2000, S. 197) sagt es treffend:

> Unser Leben ist nun einmal kein Honiglecken. Es ist die permanente Auseinandersetzung mit tausenderlei Hindernissen, die andere und wir selbst uns in den Weg legen.

Das Schöne jedoch ist: Nach jedem Tief folgt ein Hoch. Das Leben ist eine Achterbahnfahrt. Es geht mal aufwärts, schön gemächlich, und dann geht es abrupt wieder nach unten. Mitunter dreht man Loopings, manchmal scheint man sich im freien Fall zu befinden. Nur selten verläuft alles ruhig und gleichmäßig. Das einzig Beständige ist der permanente Wechsel.

Dies zu begreifen, ist eine enorm wichtige Voraussetzung, wenn man in den Gelassenheits-Olymp aufsteigen will. Wer davon ausgeht, dass das Leben einem immerwährenden All-inclusive-Urlaub auf den Malediven gleicht, der wird zwangsläufig bei der ersten kleinen Unebenheit aus der Bahn geworfen. Wer dagegen das Wechselspiel des Lebens akzeptiert, ist in Phasen des Erfolgs gefeit davor, übermütig zu werden, und wird in Phasen der Niederlage nicht verzweifeln.

Ich weiß noch, als mein erstes Kind auf die Welt kam. Natürlich hatte ich als aufgeschlossener Vater sämtliche Geburtsvorbereitungskurse mitgemacht und so ziemlich jedes Buch gelesen, das Männer zu Papas machen soll. Gleichwohl hatte ich eine ziemlich realitätsferne Vorstellung davon, wie es sein würde, wenn Niklas dann wirklich mal da wäre. Ich sah mich mit der Süddeutschen und einem Rioja auf der Couch sitzen, während der Kleine zufrieden in seinem Laufstall das Tier-Mobile betrachten würde. Nun, es kam anders. Ziemlich anders. Wer selbst Kinder hat, weiß, was ich meine.

Und das setzte sich fort. Kaum war der Junior dem Windelalter entwachsen, dachte ich: „Jetzt haben wir's geschafft." Bis die Trotzphase kam. Danach war ich davon überzeugt: „Nun sind wir über den Berg." Weit gefehlt! Ich hatte die Fremdelphase nicht bedacht. So ging es permanent weiter – Ups and Downs, mal lief es problemlos, dann hatten wir wieder neue Herausforderungen, erst recht, als dann Niklas Schwesterchen Klara kam. Dies haben mir schließlich meine Kinder gelehrt: Freue dich nie zu sehr, wenn mal alles okay ist, und verzweifle nicht, wenn gerade alles voll scheiße läuft. Alles geht vorüber – das Schöne wie das Unangenehme. Dementsprechend

3 Gelassene Menschen rechnen stets mit Problemen

unaufgeregt kann ich – seitdem ich das begriffen hatte – mit kleineren und größeren Katastrophen umgehen.

Nicht nur Papa Däfler hat dies erkannt, schon die alten Griechen wussten das: „Panta rhei – Alles fließt" stellte Heraklit zutreffend fest. Ovid formulierte ungefähr 500 Jahre später in seinen Metamorphosen:

> Nichts in der Welt hat Bestand und immer folgt Ebbe den Fluten.

Nichts ist eben sicherer als der Wandel. Das heißt auch, dass es immer wieder Schwierigkeiten geben wird. Wer dies akzeptiert und das Leben als eine Aneinanderreihung von Problemen, unterbrochen von freudigen Momenten und Abschnitten, versteht, der wird fast zwangsläufig beim Auftauchen von Hindernissen nicht aus der Bahn geworfen – weil er ja davon ausgegangen ist, dass das früher oder später der Fall sein würde.

Auch wenn GEMs mit Barrieren rechnen, so ist ihr Denken dennoch nicht von negativen Gedanken beherrscht. Sie sehen Probleme nicht herbei, doch wenn sie auftauchen, fallen sie nicht aus allen Wolken, da sie diese ja antizipiert haben. Sie bekommen keinen Nervenzusammenbruch, da sie wissen: Auch diese Periode wird vorübergehen. Ob wissentlich oder nicht, haben GEMs das Prinzip der „Hedonistischen Adaption" verstanden. Was verbirgt sich dahinter? Einfach ausgedrückt: Nach schönen – ebenso wie nach unschönen – Erfahrungen kehrt man immer wieder zurück auf sein ursprüngliches „Glücksniveau".

Lassen Sie uns das mal konkretisieren: Sie verlieben sich. Am Anfang wähnen Sie sich im Paradies. Was für einen tollen, attraktiven, humor- und verständnisvollen Menschen haben Sie da kennengelernt. So glücklich waren Sie noch nie. Spätestens nach ein paar Monaten ist der Lack jedoch schon ein wenig ab, und noch ein paar Jahre später machen Sie freiwillig Überstunden, nur um nicht nach Hause zu kommen, wo er/sie auf Sie wartet. Was waren Sie damals, als Sie noch Single waren, doch so happy.

Nicht nur in der Liebe, nicht nur bei (ursprünglich) positiven Ereignissen, sondern in jedwedem Lebensbereich und auch bei traurigen Anlässen passiert fast immer das Gleiche: Das Glücksbarometer schlägt deutlich nach oben beziehungsweise nach unten aus – doch einige Zeit später hat man wieder sein ursprüngliches Glücksniveau erreicht.

Zahlreiche wissenschaftliche Studien haben sich mit der Hedonistischen Adaption beschäftigt – sie zeigen unter anderem, dass Lottogewinner ebenso wie infolge eines Unfalls Querschnittgelähmte spätestens zwei Jahre nach dem Eintritt des „Ereignisses" wieder ihr „angestammtes" Zufriedenheitslevel erreicht haben. Dahinter steckt ein ganz banales Prinzip, und zwar das der Gewöhnung. Am Anfang ist die Situation ungewohnt („wow, mein Kontoauszug ist ja jetzt sechsstellig"), doch wenn wir zum wiederholten Mal das Gleiche erleben, nehmen wir es nicht mehr als etwas Besonderes wahr. Das kennen Sie doch vom Urlaub. Wir kommen im Hotel an, packen den Koffer aus, duschen und gehen zum ersten Mal zum Abendessen. „Hammer! Was für ein Buffet! Welche Auswahl!" Allein drei Mal bedienen wir uns bei den Hauptgerichten und holen uns vier Mal Nachtisch. Spätestens nach einer Woche sieht das jedoch komplett anders aus: „Puh, ich kann den Kram nicht mehr sehen, wann geht's endlich nach Hause, mal wieder schön Rippchen essen."

Auf den Punkt gebracht: Die meisten Menschen gewöhnen sich recht schnell an neue Situationen, egal, ob es sich dabei um etwas so Profanes wie das Hotelbuffet oder etwas so Schwerwiegendes wie eine

3 Gelassene Menschen rechnen stets mit Problemen

Querschnittlähmung handelt. Wenn dies bei der Mehrheit der Bevölkerung der Fall ist, was zeichnet dann GEMs aus? Bei ihnen sind die Amplituden nicht so groß, das heißt, der Ausschlag auf der (Un-)Glücksskala nach oben beziehungsweise nach unten ist nicht so groß. Zudem ist die Zeitspanne, die bis zum Erreichen des Ursprungszustands vergeht, nicht so lang, denn GEMs erachten es einfach als normal, dass im Leben immer wieder Schönes wie Unangenehmes passiert. Das Leben ist eben wie ein Strand: Es gibt tolle Momente, aber es wird auch viel Müll angespült.

4

Gelassene Menschen leben im Hier und Heute

Bleiben wir am Strand: Sie liegen mit Ihrem Partner in trauter Harmonie am Meeresufer, vor Ihnen das funkelnde Mittelmeer, unter Ihnen weicher, weißer Sand, über Ihnen ein Deutsche-Bank-blauer Himmel, in der Hand ein kühles Bier (wahlweise auch ein erfrischender Cocktail) und zwischen Ihren Ohren: der Gedanke ans Büro, ob dort alles ohne Sie rundläuft. Habe ich Sie ertappt? Könnte es Ihnen auch so gehen?

In angenehmen Lebenslagen fällt es uns häufig schwer, den Augenblick zu genießen. Stattdessen gibt es großes Kopfkino. Unser Gehirn versaut uns oft genug den Tag, weil es uns in die Vergangenheit entführt und in die Zukunft schickt: „Hätte ich letzten Monat doch nicht gesagt, dass ich die Projektleitung übernehme." Oder: „Wie schaffe ich es nur, die Präsentation nächste Woche gut zu machen?"

GEMs ticken da anders – ihnen gelingt es, im Moment zu verweilen. Sie haben verstanden, was der Zenmeister in einer Anekdote unbekannter Herkunft verrät:

> Es kamen ein paar Suchende zu einem alten Zenmeister. „Herr", fragten sie, „was tust du, um glücklich und zufrieden zu sein? Wir wären auch gerne so glücklich wie du." Der Alte antwortete mit mildem Lächeln: „Wenn ich liege, dann liege ich. Wenn ich aufstehe, dann stehe ich auf. Wenn ich gehe, dann gehe ich, und wenn ich esse, dann esse ich."
> Die Fragenden schauten etwas betreten in die Runde. Einer platzte heraus: „Bitte, treibe keinen Spott mit uns. Was du sagst, tun wir auch. Wir schlafen, essen und gehen. Aber wir sind nicht glücklich. Was ist also dein Geheimnis?" Es kam die gleiche Antwort: „Wenn ich liege, dann liege ich. Wenn ich aufstehe, dann stehe ich auf. Wenn ich gehe, dann gehe ich, und wenn ich esse, dann esse ich."
> Die Unruhe und den Unmut der Suchenden spürend, fügte der Meister nach einer Weile hinzu: „Sicher liegt auch ihr und ihr geht auch und ihr esst. Aber während ihr liegt, denkt ihr schon ans Aufstehen. Während ihr aufsteht, überlegt ihr, wohin ihr geht, und während ihr geht, fragt ihr euch, was ihr essen werdet. So sind eure Gedanken ständig woanders und nicht da, wo ihr gerade seid. In dem Schnittpunkt zwischen Vergangenheit und Zukunft findet das eigentliche Leben statt. Lasst euch auf diesen nicht messbaren Augenblick ganz ein und ihr habt die Chance, wirklich glücklich und zufrieden zu sein."

Die Lösung lautet also, im Hier und Heute zu leben. GEMs verbieten es sich selbst, an Belastendes zu denken, und schenken dem, was sie gerade tun, ihre volle Aufmerksamkeit. Sie wissen, dass sie nicht mit telekinetischen Fähigkeiten ausgestattet sind und auch keine Zeitmaschine im Keller stehen haben. Sie haben begriffen, dass sie

4 Gelassene Menschen leben im Hier und Heute

Geschehenes nicht ungeschehen machen können und dass Künftiges noch nicht passiert ist. Vor allem jedoch haben sie gerafft: Erst die negativen Gedanken machen eine Situation schlecht!

Selbst wenn man nicht an unschöne Ereignisse denkt, die vergangen sind oder noch kommen werden, sondern lediglich an relativ emotionsfreie Geschehnisse, so bewirkt dies doch auch, dass wir vergessen, in der Gegenwart zu leben. So viele Menschen verbringen ihr ganzes Leben in der Zukunft. Sie spielen das „Wenn-ich-erst-mal-Spiel" – wenn … ich erst mal das Studium beendet habe, ich meinen ersten Job habe, ich befördert werde, ich einen Partner gefunden habe, ich ein Haus gebaut habe, ich Kinder habe, die Kinder aus dem Haus sind, ich in Rente gehe … Bei all dem Projizieren in die Zukunft versäumen sie es zu leben. Und dann liegen sie auf dem Sterbebett und wünschen sich, sie hätten nicht so oft das „Wenn-ich-erst-mal-Spiel" gespielt, sondern die Gegenwart genossen.

Okay, alles gut und schön, man braucht kein Philosophie-Studium, um das zu verstehen. Was ist es, das uns daran hindert, im Hier und Heute zu leben? Zahlreiche Gründe können ursächlich dafür sein, dass es uns so schwerfällt, nicht mit den Gedanken abzuschweifen:

- Wir haben (zu) hohe Ansprüche an uns und meinen, uns erst etwas gönnen zu dürfen, wenn alles erledigt ist. Deshalb stellen wir die Arbeit an erste Stelle und treten immer schneller im Hamsterrad. Tim Bendzko hat das vor ein paar Jahren mal fantastisch besungen: „Muss nur noch kurz die Welt retten, danach flieg ich zu dir, noch 148 Mails checken …"
- Wir denken, wir haben es nicht verdient, dass es uns gut geht. Deshalb treiben wir uns immer weiter an.

- Wir haben nicht gelernt, loszulassen und anderen Menschen zu verzeihen. Deshalb hadern wir mit der Vergangenheit.
- Wir haben Sorge, uns für das Falsche zu entscheiden. Deshalb wägen wir die einzelnen Alternativen immer wieder ab. Aus diesem Grund dauern Supermarkteinkäufe bei manchen Menschen bis zu einem halben Tag – allein vor dem Marmeladenregal können sie problemlos eine Stunde verbringen.
- Wir haben kein Vertrauen in unsere Fähig- und Fertigkeiten. Deshalb sorgen wir uns, etwas nicht zu schaffen (das werden wir beim Geheimnis Nr. 7 noch behandeln).
- Wir halten Ungewissheit nicht aus, und so sind wir ständig damit beschäftigt, daran zu denken, wie es sein könnte: Wie wird das Wetter nächsten Samstag, wenn wir zur Grillparty eingeladen haben? Was ist, wenn es regnet?
- Wir übernehmen (zu viel) Verantwortung für andere oder bemühen uns um deren Aufmerksamkeit – das ist als „disease to please" bekannt. So sind wir in Gedanken permanent bei unserer Umwelt, aber nicht bei uns.
- Wir sind im Alltag gefangen wie eine Fliege im Spinnennetz; unser Denken dreht sich nur um Pläne, Besorgungen, To-dos, Termine der Kinder und Pflichten im Haushalt. Wenn wir eine Sache erledigt haben, dann kommt die nächste an die Reihe.
- Wir vergleichen uns ständig mit anderen: „Die Hubers von nebenan haben sich einen Wintergarten gebaut. Wir brauchen auch einen." Deshalb kommen wir nicht zur Ruhe (dazu mehr beim Geheimnis Nr. 10).

Wie gesagt: In der Theorie ist das ganz klar. Allerdings glückt es nur GEMs, ihre theoretischen Einsichten in praktisches Handeln umzusetzen. Dabei begehen sie nicht den Fehler und verwechseln ein Leben im Moment mit dem völligen Ausblenden der Vergangenheit sowie der Zukunft (damit setzen wir uns im Geheimnis Nr. 6 auseinander). GEMs betreiben sehr wohl Selbstanalyse und Rückblick, so wie sie auch maßvoll planen. Gleichwohl übertreiben sie es nicht mit Reflexion, Nabelschau und Zukunftsplanung – sie leben im Hier und Heute. Irgendwie erinnern sie damit an Eintagsfliegen, deren zeitlicher Horizont ja recht überschaubar ist.

5

Gelassene Menschen haben Vertrauen in die Zukunft

Vielleicht einer der markantesten Wesenszüge von GEMs ist deren Urvertrauen, und zwar zu ihren Mitmenschen (darüber erfahren Sie mehr beim Geheimnis Nr. 11) und in die Zukunft. Unerschütterlich glauben sie, dass sie es irgendwie schon hinbekommen werden. Ist die Situation noch so kacke, GEMs sind davon überzeugt, dass alles, was ihnen widerfährt, nicht so schlimm werden wird. „Wenn dir das Wasser bis zum Hals steht, bloß nicht den Kopf hängen lassen" – das ist ihre Devise. Anders formuliert: GEMs denken, dass es das Leben gut mit ihnen meint – es wird schon klappen, und wenn nicht, tja dann wird das Universum auch nicht implodieren.

Vertrauen in die Zukunft ist etwas anderes als Optimismus, über den wir noch (Geheimnis Nr. 19) sprechen werden. Während Optimismus etwas mit der Beurteilung konkreter Situationen zu tun hat und immer das Positive in den Fokus stellt, ist Zukunftsvertrauen eine

Geisteshaltung, eine Sicht auf die Welt und das Leben im Allgemeinen. Ohne jetzt zu philosophisch-religiös werden zu wollen, sei dennoch der Hinweis gestattet, dass diese Weltsicht ihre Entsprechung im Daoismus (oft auch mit „T" geschrieben, also Taoismus) hat.

Was besagt der Daoismus? Im Universum gibt es nichts, was fest ist: Alles ist dem Wandel unterworfen. Weise Menschen verwirklichen das Dao, indem sie sich an das Wandeln anpassen. Daher lautet die Empfehlung, diesem Wechsel seinen Lauf zu lassen und nicht einzugreifen. Dafür gibt es einen eigenen Begriff: Wu wei – das lässt sich schwer erklären, meint aber so etwas wie „Nicht-Eingreifen", „Nicht-Handeln" oder „Nicht-Erzwingen", weil sich die Dinge von selbst schon irgendwie ordnen. Ich habe das Prinzip des Dao in meinem Büro ausprobiert. Leider hat sich nichts von selbst geordnet. Vermutlich habe ich einen Fehler gemacht.

Weil GEMs der Philosophie des Daoismus folgen und Vertrauen in die Zukunft haben, sind sie auch nicht ängstlich und machen sich selten Sorgen, sie fühlen sich einfach sicher und geborgen im Leben – wie einst im Mutterleib, nur halt ohne Fruchtwasser und Nabelschnur. Okay, manche Ängste sind auch GEMs bekannt, wie etwa die Alliumphobie, die Angst vor Zwiebeln/Knoblauch. Doch mal ehrlich – wer von uns kennt diese Angst nicht, wenn der Partner nach einem Klassentreffen im türkischen Spezialitätenrestaurant am nächsten Morgen neben einem aufwacht. Aber so existenzbedrohende Ängste wie die Venustraphobie (Angst vor schönen Frauen), die Meteorophobie (Angst vor Meteoren) oder die Pteronophobie (Angst, mit Federn gekitzelt zu werden) sind GEMs völlig fremd.

Woher stammt dieses Vertrauen? Nun, dies kann vielfältige Ursachen haben. Vielleicht haben GEMs einfach schon mehrfach in ihrem Leben ähnliche Erfahrung

5 Gelassene Menschen haben Vertrauen …

gemacht wie der alte Mann in der folgenden alten asiatischen Erzählung:

> Es war einmal ein alter Mann, der zur Zeit Lao-Tses in einem kleinen chinesischen Dorf lebte. Der Mann wohnte zusammen mit seinem einzigen Sohn in einer kleinen Hütte am Rande des Dorfes. Ihr einziger Besitz war ein wunderschöner Hengst, um den sie von allen im Dorf beneidet wurden. Es gab schon unzählige Kaufangebote, diese wurden jedoch immer strikt abgelehnt. Das Pferd wurde bei der Erntearbeit gebraucht und es gehörte zur Familie, fast wie ein Freund.
>
> Eines Tages war der Hengst verschwunden. Nachbarn kamen und sagten: „Du Dummkopf, warum hast du das Pferd nicht verkauft? Nun ist es weg, die Ernte ist einzubringen und du hast gar nichts mehr, weder Pferd noch Geld für einen Helfer. Was für ein Unglück!" Der alte Mann schaute sie an und sagte nur: „Unglück – mal sehen, denn wer weiß? Das Leben geht seinen eigenen Weg, man soll nicht urteilen und kann nur vertrauen."
>
> Das Leben musste jetzt ohne Pferd weitergehen, und da gerade Erntezeit war, bedeutete das unheimliche Anstrengungen für Vater und Sohn. Es war fraglich, ob sie es schaffen würden, die ganze Ernte einzubringen. Ein paar Tage später war der Hengst wieder da, und mit ihm war ein Wildpferd gekommen, das sich dem Hengst angeschlossen hatte. Jetzt waren die Leute im Dorf begeistert. „Du hast recht gehabt", sagten sie zu dem alten Mann. „Das Unglück war in Wirklichkeit ein Glück. Dieses herrliche Wildpferd als Geschenk des Himmels, nun bist du ein reicher Mann …" Der Alte sagte nur: „Glück – mal sehen, denn wer weiß? Das Leben geht seinen eigenen Weg, man soll nicht urteilen und kann nur vertrauen."
>
> Die Dorfbewohner schüttelten den Kopf über den wunderlichen Alten. Warum konnte er nicht sehen, was für ein unglaubliches Glück ihm widerfahren war? Am

nächsten Tag begann der Sohn des alten Mannes, das neue Wildpferd zu zähmen und zuzureiten. Beim ersten Ausritt warf ihn dieses Wildpferd ab und er brach sich beide Beine. Die Nachbarn im Dorf versammelten sich und sagten zu dem alten Mann: „Du hast recht gehabt. Das Glück hat sich als Unglück erwiesen, dein einziger Sohn ist jetzt ein Krüppel. Und wer soll nun auf deine alten Tage für dich sorgen?" Aber der Alte blieb gelassen und sagte zu den Leuten im Dorf: „Unglück – mal sehen, denn wer weiß? Das Leben geht seinen eigenen Weg, man soll nicht urteilen und kann nur vertrauen."

Es war jetzt alleine am alten Mann, die restliche Ernte einzubringen. Zumindest war das neue Pferd so weit gezähmt, dass er es als zweites Zugtier für den Pflug nutzen konnte. Mit viel Schweiß und Arbeit bis in die Dunkelheit sicherte er das Auskommen für sich und seinen Sohn.

Ein paar Wochen später begann ein Krieg. Der König brauchte Soldaten, und alle wehrpflichtigen jungen Männer im Dorf wurden in die Armee gezwungen. Nur den Sohn des alten Mannes holten sie nicht ab, denn den konnten sie an seinen Krücken nicht gebrauchen. „Ach, was hast du wieder für ein Glück gehabt!", riefen die Leute im Dorf. Der Alte sagte: „Mal sehen, denn wer weiß? Aber ich vertraue darauf, dass das Glück am Ende bei dem ist, der vertrauen kann."

Also: Vielleicht haben GEMs wiederholt am eigenen Leib gespürt, dass sich Vertrauen in die Zukunft „lohnt". Eventuell bedarf es solcher Erfahrungen auch gar nicht, weil man starke, beschützende und liebevolle Eltern hatte, die einem jederzeit das Gefühl von Sicherheit und Geborgenheit vermittelt haben. Mitunter mag auch genau das Gegenteil der Fall gewesen sein, nämlich eine in vielerlei Hinsicht unglückliche Kindheit und die darauf folgende Einsicht, dass man es trotz übelster Startbedingungen schaffen kann, zufrieden und erfolgreich zu leben. Beispiele dafür gibt es etliche, wie etwa den ehemaligen US-amerikanischen Präsidenten Bill Clinton, dessen alkoholkranker Stiefvater sogar einmal auf Clintons Mutter geschossen hat.

Die spannende Frage lautet: Weshalb haben viele Menschen kein Vertrauen in die Zukunft, weshalb fürchten sie das Kommende? Hauptursächlich dafür ist wohl ein ausgeprägtes Bedürfnis nach Sicherheit. Wenn es ginge, würden sich diese Zeitgenossen mit einem Lebens-Airbag, einem Elektronischen Stabilitätsprogramm für die Partnerschaft und einem Antiblockiersystem für den Beruf ausstatten. Nachdem es diese Produkte noch nicht bei REWE gibt, schließen sie Lebens- sowie Berufsunfähigkeitsversicherungen ab und fliegen als Ehepartner stets in getrennten Fliegern in den Urlaub.

Denkbar ist auch, dass zukunftsmisstrauische Menschen schlichtweg keine Fantasie haben. Ihnen fehlt die Vorstellungskraft, wie es anders sein könnte, als es schon immer war. Ein Spülschwamm verfügt über mehr Kreativität als sie. Alles Neue und Ungewohnte ängstigt sie deshalb. GEMs dagegen besitzen allesamt ein spezielles Gen – jenes, das auch die meisten Rheinländer in ihrer DNA haben und das sich so prägnant im „Kölsche Grundgesetz" manifestiert, dessen wichtigste Artikel so lauten:

Et es wie et es. (Akzeptiere die Welt, wie sie ist!)
Et kütt wie et kütt. (Es wird schon irgendwie gut gehen!)
Et hätt noch immer jot jejange. (Es ist schon immer gut gegangen!)
Wat fott es, es fott. (Was passiert ist, ist passiert!)
Et bliev nix wie et wor. (Alles ändert sich!)

6

Gelassene Menschen planen ihr Leben maßvoll

Ein paar Seiten zuvor haben Sie gelesen, dass sich GEMs als Gestalter ihres Lebens verstehen. Deshalb verfügen sie auch über Lebensziele. Sein Leben zu planen und Lebensziele zu erreichen, das bedeutet, Probleme zu lösen, Hürden und Niederlagen zu überwinden, immer einmal öfter aufzustehen, als man hingefallen ist, um letztlich das Leben zu führen, das man sich wünscht. Wer sich nur durchs Leben treiben lässt und keine eigenen Entscheidungen trifft, gibt die Verantwortung für sein Leben an andere ab – an den Partner, an die Eltern, an den Vorgesetzten, an den BND, an den TÜV und an die GEZ … Wer hingegen über Lebensziele verfügt, der muss sich nicht immer wieder mit den gleichen (Gewissens-)Fragen beschäftigen – für den ist einfach klar, wie er in welcher Situation zu entscheiden hat. Außerdem besitzt man eine höhere Motivation, unangenehme Dinge in Angriff zu nehmen; Ziele wirken inspirierend und anspornend, sie lassen einen morgens leichter aufstehen, weil man ja etwas hat, wofür es sich lohnt, die wärmenden Federn zu verlassen. Nicht zuletzt zwingen Ziele zur Konzentration – man kann seine Energie auf das fokussieren, was einem erstrebenswert erscheint. Und schließlich lebt man gesünder – Mediziner haben nämlich herausgefunden, dass Menschen seltener krank werden, wenn sie ihrem Leben einen Sinn geben (vgl. Craig und Snook 2014, S. 88).

All das haben GEMs begriffen und daher eine (kleine) Liste mit Lebenszielen erstellt. Aber, aber … Da haben wir sie wieder – die Schizophrenie der GEMs: Einerseits planen sie ihr Leben und haben Ziele, andererseits wissen sie aber auch, wie gefährlich das Erreichen von Zielen ist. Nur zu gut kennen sie den Aphorismus des irischen Schriftstellers George Bernard Shaw:

> Im Leben gibt es zwei Tragödien. Die eine ist die Nichterfüllung eines Herzenswunsches. Die andere ist seine Erfüllung.

Vielleicht haben Sie das auch schon erlebt: Lange arbeiten Sie auf ein bestimmtes Ziel hin und dann erreichen Sie es. Aber es fühlt sich nicht so großartig an, wie Sie dachten. Und danach: Die große Leere. Was kommt jetzt? Oft ist das Ankommen ernüchternder als das Reisen, was nicht nur metaphorisch zutrifft, sondern jeder bestätigen kann, der bei seiner Urlaubsplanung tatsächlich dachte, die Katalogbeschreibungen seien wahrheitsgemäß formuliert. „Abendliche Veranstaltungen" bedeuten beispielsweise, dass Sie nachts kein Auge zutun können, weil besoffene Engländer so laut rumgrölen, als hätten sie gerade die WM gewonnen (was, wie wir wissen, niemals mehr der Fall sein wird). Und „100 m zum Meer" heißt keinesfalls, dass man dort baden kann – denn in der Nähe befindet sich nur das ölverseuchte Hafenbecken, der Badestrand liegt hingegen auf der anderen Inselseite. Ein „aufstrebender Ferienort" ist ideal für Interessierte des ausländischen Baugewerbes und für lärmunempfindliche Baustellentouristen. Eine „landestypische Bauweise" ist eine nette Umschreibung dafür, dass man besser eine Klinikpackung Schlafmittel und Ohrenstöpsel mitnehmen sollte, weil man durch die dünnen Wände jeden Rülpser des Zimmernachbarn hört.

Zurück zu den Lebenszielen. GEMs sind zwar zielorientiert, aber nicht verbissen, vor allem nicht hinsichtlich der Art und Weise, wie sie ans Ziel gelangen. Haben sie erkannt, dass ein eingeschlagener Weg nicht wie erhofft zum Ziel führt, kehren sie einfach um und probieren eine andere Abzweigung aus. Wenn ihr Pferd tot ist, dann steigen sie ab. Lösungen, die früher wunderbar funktioniert haben, führen heute vielleicht nicht mehr zu den erwünschten Resultaten. GEMs schaffen es problemlos, solche überholten Verhaltensmuster über Bord zu werfen und neue auszuprobieren. Wenn sich die Umstände ändern, müssen sich eben auch die Methoden ändern, mit denen wir sie lösen. Das haben GEMs gecheckt und testen vergnügt neue Ansätze, bis sie einen gefunden haben, der erfolgreich ist – und dieser wieder in einer Sackgasse endet.

Aber auch was die Ziele als solche betrifft, sind GEMs nicht dogmatisch. Ihnen ist bewusst, dass sich Ziele im Zeitablauf ändern können. Was uns mit 18 Jahren wichtig war, erscheint uns wahrscheinlich mit 58 Jahren kaum noch erstrebenswert. Oder wünschen Sie sich heute noch, dass endlich die Pickel von Ihrer Stirn verschwinden? Zudem ist GEMs klar: Ziele können durch unvorhergesehene Ereignisse infrage gestellt werden. Dies muss jedoch nicht so schlimm sein, wie wir es vielleicht zunächst erleben. Meike Winnemuth (2014, S. 88) meint dazu:

> Die Endlichkeit von Lebensentwürfen – in Form von Scheidung oder Kündigung – ist längst nicht mehr die katastrophale Ausnahme.

GEMs haben deshalb immer im Hinterkopf:

> Wenn du Gott zum Lachen bringen willst, erzähl ihm von deinen Plänen.

GEMs formulieren aus diesem Grund ihre Lebensziele möglichst offen und nicht zu detailliert. Weil: Je genauer man sich ein Ziel ausmalt, desto schneller ist man enttäuscht, wenn es nicht ganz genau so kommt, wie man es geplant hat. GEMs haben gepeilt, dass es im Leben eben oft anders kommt, als man denkt. Da passieren plötzlich Dinge, mit denen man nicht gerechnet hat. Positive wie negative Zwischenfälle können die perfektesten Pläne über den Haufen werfen, der Zufall hat halt immer seine Hände im Spiel. Darüber wird noch im Geheimnis Nr. 23 zu sprechen sein. Schon Bertolt Brecht wusste das; in der Dreigroschenoper dichtete er:

> Ja, mach nur einen Plan, sei nur ein großes Licht und mach dann noch 'nen zweiten Plan, geh'n tun sie beide nicht.

GEMs behalten daher die grobe Richtung im Auge, sind aber flexibel, sie nehmen sich die mittelalterlichen Seeleute zum Vorbild. Die sagten nämlich: „Wir segeln gen (gegen) XY." Sie vermieden die (exakte) Formulierung: „Wir segeln nach XY." Auf den Wind und die Strömung hat man halt keinen Einfluss. Und manchmal entdeckt man

6 Gelassene Menschen planen ihr Leben maßvoll

auf dem Weg neue, lohnende Ziele. GEMs lassen sich liebend gern vom Leben überraschen – das geht aber nur, wenn man nicht alles bis ins letzte Detail geplant hat. Mitunter entpuppt sich auch ein Ziel als völlig unerreichbar, weil die Voraussetzungen, von denen man ausging, nicht eingetroffen sind.

Vor allem jedoch: Was die Anzahl und das Ausmaß der Lebensziele betrifft, sind GEMs höchst maßvoll, mitunter sogar bescheiden – sie verfügen über ein paar wenige Ziele, die zwar ambitioniert, aber nicht utopisch sind. Sie wollen nicht (zu) viel (gleichzeitig) erreichen und legen die Latte nicht zu hoch. Ihnen ist das japanische Sprichwort bekannt:

> Wer zwei Hasen jagt, lässt den einen laufen und den anderen verliert er.

GEMs geben sich keinen Illusionen hin und sagen nicht: „Ich möchte die beste Mutter der Welt sein, DAX-Vorstand werden und mit 47 noch so aussehen wie Anfang 30", sondern „Ich will eine gute Mama sein und meine Kinder möglichst ohne Gewalt aufziehen. Im Job möchte ich spannende Aufgaben haben und mit 47 nicht aussehen wie eine Moorleiche." GEMs haben erkannt, dass sich das Leistungskarussell immer schneller dreht, und sind rechtzeitig abgestiegen. Dadurch sind sie der Gefahr entkommen, sich immer wieder aufs Neue beweisen zu müssen – sie tun nichts, nur um ihr Ansehen bei anderen zu befördern. Sie haben erkannt, dass wir so oft nur nach Positionen und Materiellem streben, damit wir unser Prestige steigern und andere beeindrucken können – das Leben ist ein einziger Wettkampf, bei dem wir immer wieder um die Gunst des Publikums buhlen. Aber das haben GEMs nicht nötig, zumal ihnen klar ist, dass Glanz, Ruhm und Erfolg so flüchtig sind wie die

Karrieren von The-Voice-of-Germany-Gewinnern. Aus diesem Grund ist alles Äußere, alles am reinen Renommee Orientierte und auf den Status Bedachte für GEMs absolut unbedeutend.

Mit dieser Denkweise verbunden ist ein nicht hoch genug zu schätzender Vorteil: Die „Verteidigung" eines einmal erlangten Standes kostet wahnsinnig viel Kraft. Nach oben zu kommen, mag schwer sein; oben zu bleiben, ist noch viel schwieriger. Bloß keinen Prestigeverlust erleiden – was sollen da die Nachbarn denken, wenn wir statt der Mercedes-E-Klasse plötzlich einen Opel Astra fahren? Also wird hart dafür gekämpft, das erreichte Niveau zu halten, auch wenn man es eigentlich gar nicht mehr selbst will oder wenn der Einsatz dafür unangemessen hoch wird. Darüber können GEMs nur lächeln, denn mit ihren wenigen, maßvollen (Lebens-)Zielen sind sie höchst zufrieden, mehr wollen sie gar nicht erlangen – weil ihnen egal ist, was die Hubers von nebenan denken.

Teil II

Ich hab keine Macken – das sind Special Effects

# 7

Gelassene Menschen haben Selbstvertrauen

In ihrem absolut lesenswerten Buch „Ich bleib so scheiße, wie ich bin" schreibt die deutsch-israelisch-iranische Journalistin Rebecca Niazi-Shahabi (2013, S. 143) diese – wie ich finde – sehr beruhigenden Sätze:

> Vielleicht sollten wir überhaupt die Vorstellung aufgeben, dass da tief in uns drinnen ein reineres Ich existiert, welches nur verschüttet ist unter den Trümmern unserer Vergangenheit. Ein Ich, welches wir nur mit viel Arbeit an uns selbst freilegen müssen, damit wir endlich authentisch und kreativ leben können. Der autonome, glückliche und von allen Traumata und Selbstzweifeln befreite Mensch ist ein theoretisches Konstrukt, eine Wahnvorstellung der Psychoindustrie und damit von uns selbst.

Vermutlich würden GEMs dieser Aussage sofort zustimmen, denn sie glauben fest an sich und können mit ihren Fehlern sehr gut leben. Mehr als das – sie strotzen förmlich vor Selbstvertrauen. Ohne falsche Bescheidenheit behaupten sie von sich: „Als Gott mich schuf, wollte er angeben." Je mehr sie an sich glauben und von sich als Mensch überzeugt sind, desto mehr Kraft entwickeln GEMs auf dem Weg zu ihren Lebenszielen, über die wir ja gerade im vorangegangenen Geheimnis gesprochen haben. Nein, dies hat nichts mit „Tschaka-du-kannst-alles-schaffen-wenn-du-nur-willst-Rhetorik" zu tun, sondern ist wissenschaftlich erwiesen: Menschen mit einem ausgeprägten Glauben an sich und ihre Kompetenz verfügen über mehr Ausdauer und haben mehr Erfolg. Dieses sogenannte Konzept der „Selbstwirksamkeitserwartung" wurde von dem kanadischen Psychologen Albert Bandura in den 1970er-Jahren entwickelt und ist seitdem vielfach bestätigt worden.

Es ist ja auch nicht schwer zu verstehen: Wenn man nicht an sich selbst glaubt und nicht selbst von sich überzeugt ist, wie sollen dann andere an einen glauben? Wie will man dann andere überzeugen? Woher sollen die Kraft und Beharrlichkeit stammen, um den eigenen Zielen näher zu kommen? Dabei machen sich GEMs nichts vor: Der Glaube an sich selbst ist zwar wichtig, doch muss der Glaube auch auf einer fundierten Grundlage beruhen. Ja, man soll Ziele haben und diese verfolgen, aber realistisch darf man bei all dem auch sein – einem Elefanten kann man halt das Fliegen nicht beibringen, die 78-jährige Oma wird nicht mehr Balletttänzerin und wenn man einen Kirschbaum pflanzt, darf man nicht erwarten, dass Birnen daran wachsen werden. Ein Schauspieler oder ein Immobilienhai werden nicht US-Präsident. Wobei, Letzteres … aber lassen wir das. Genau diesen Realitätssinn haben GEMs. Dabei unterwerfen sie sich nicht der Tyrannei der Selbstoptimierung – sie finden sich gut, so wie sie sind, sie nehmen sich mit all ihren Macken, Kanten und Absonderlichkeiten an. Wenn sie in den Spiegel

7 Gelassene Menschen haben Selbstvertrauen

schauen, sagen sie zu sich ohne den leisesten Anflug von Ironie oder Zweifel: „Das Schönste an mir bin ich."

Unentspannten Zeitgenossen würde das nie über die Lippen kommen, denn wenn die sich mustern, dann nehmen sie die Lupe zur Hand, um ja jedes Manko zu entdecken. Bei der Suche nach positiven Zügen legen sie das Vergrößerungsglas beiseite und ziehen sich eine Augenbinde an. Sie sind mit sich selbst kritischer, als es einst Marcel Reich-Ranicki mit den meisten der von ihm rezensierten Autoren war. GEMs sind da anders. Allerdings verschließen sie nicht die Augen vor der Wahrheit. Was sie auch nicht tun: sich durch einen Grauschleier anblicken, der nur das Negative zeigt. Sie haben eine wirklichkeitsnahe Selbstwahrnehmung, die Schwachstellen nicht ausblendet, diese jedoch auch nicht betont. Vielmehr fokussieren sie sich bei der Selbstanalyse auf all jene Aspekte ihrer Persönlichkeit, mit denen sie zufrieden sind.

Dementsprechend souverän verhalten sich GEMs in der Öffentlichkeit – ob in der Schule, an der Uni, bei der Arbeit, im Freundeskreis oder auf Partys: Sie wollen nicht jedem gefallen, von jedem gemocht werden und es nicht jedem recht machen. Sie verbiegen sich nicht, weil sie davon überzeugt sind, dass sie als Mensch richtig sind, so wie sie sind, auch wenn sie manche Defizite, Fehler und skurrile Eigenarten haben. Wenn andere sie negativ beurteilen, dann sagen sie: „Was du von mir denkst, ist dein Problem und nicht meines." Wird ein GEM blöd angeschaut, dann blickt er nicht verlegen zu Boden, sondern entgegnet: „Was glotzt du so? Hast du noch nie 'ne Prinzessin ('nen Superhelden) gesehen?"

Ihr Selbstbewusstsein ist eben nicht aus Butter, sondern aus Zement – getrocknetem, wohlgemerkt –, und zwar nicht deshalb, weil sie selbstverliebt wären, sondern weil sie wissen, dass alle Menschen einen an der Klatsche haben und nicht perfekt sind. Darüber werden wir uns später noch unterhalten, wenn es um das Menschenbild von GEMs geht (Geheimnis Nr. 11).

GEMs sind vielleicht auch deshalb so selbstbewusst, weil sie es vermeiden, sich selbst schlecht zu reden. Sie kennen die verheerenden Wirkungen sich selbsterfüllender Prophezeiungen, die der US-amerikanische Soziologe Robert King Merton im Jahr 1949 als Erster wissenschaftlich untersucht und beschrieben hat. Seine Erklärung: Vorhersagen treten oft nur deshalb ein, weil man ein bestimmtes Ergebnis erwartet und so selbst auf die Umwelt Einfluss nimmt, sie also bewusst oder unbewusst in die Richtung verändert, die man antizipiert. Deutlich wird dies unter anderem am sogenannten Baskerville-Effekt: US-Amerikaner chinesischer und japanischer Abstammung erliegen besonders häufig am vierten Tag eines Monats einem Herztod. Warum? In China und Japan wird die Zahl 4 wie „Tod" ausgesprochen, weshalb viele Menschen alles fürchten, was mit „4" zu tun hat, ähnlich wie es sich bei uns mit der 13 verhält.

Ein anderes Beispiel: In einem Versuch gaben Ärzte Patienten mit einer bestimmten Herzerkrankung ein Medikament. Der Patientengruppe A sagte man, dass eine der Nebenwirkungen sexuelle Funktionsstörungen sein könnten. Gruppe B erläuterte man nur pauschal die Nebenwirkungen. Und Gruppe C wurde überhaupt nichts mitgeteilt. Unter diesen Patienten hatten 3 % Schwierigkeiten im Bett. In Gruppe B waren es 16 % und in Gruppe A sogar 31 %. Vielleicht funktioniert Viagra in umgedrehter Richtung ja nach demselben Prinzip?

Was wollte ich eigentlich sagen? Ach ja: GEMs wissen um die (negative) Kraft sich selbsterfüllender Prophezeiungen und reden sich deshalb nicht ein „Ich bin der hässlichste Mensch auf diesem Planeten" oder „Niemand hat mich lieb" oder „Ich kann das nicht".

7 Gelassene Menschen haben Selbstvertrauen

Vielmehr nutzen sie die positiven Wirkungen sich selbsterfüllender Prophezeiungen und sagen sich immer wieder „Ich bin ja sooooo gut" vor. Allerdings – kleiner Warnhinweis – übertreiben es manche GEMs in dieser Hinsicht und enden dann als Kandidat bei „Deutschland sucht den Super-Depp". Tja, das ist dann wohl die Schattenseite der Gelassenheit …

8

Gelassene Menschen wollen nicht perfekt sein

Vor ein paar Jahren lebte ich in einer kleinen Spessartgemeinde. Unser Haus lag direkt am Waldrand und in unserem ansehnlich großen Garten standen vier alte Eichen und einige Buchen, die sich alle erdenkliche Mühe gaben, ihre Äste mit Blättern zu zieren. So schön der Anblick im Frühjahr und Sommer war, so sehr stöhnte ich angesichts der riesigen Mengen an Laub, die im Herbst anfielen. Doch Jammern nützte nichts. Die Blätterberge mussten entfernt werden. Also griff ich jedes Jahr ab Oktober zum Laubrechen und versuchte, das Blattwerk zusammenzuraffen. Nicht selten passierte es, wenn ich nach mehrstündiger Arbeit fertig war und mich gerade mit einer Flasche Bier in den Sessel fallen lassen wollte, dass ein kräftiger Windstoß neuerlich Laub zu Boden beförderte. Ich konnte schier verzweifeln. Nie würde ich es schaffen, einen perfekt laubbefreiten Garten zu erblicken.

Nun, was ich damals bei der Gartenarbeit erlebte, dürfte vielen unentspannten Menschen nur zu bekannt vorkommen. In unserem Versuch, die Dinge 100-prozentig zu machen, scheitern wir immer wieder aufs Neue, was einen in den Wahnsinn treiben kann. GEMs sind da deutlich weiter. Sie wissen, dass es kaum möglich ist, Arbeiten und Aufgaben jedweder Art perfekt zu erledigen. Ebenso wissen sie, dass sie selbst nie vollkommen sein werden. Und: Sie wollen es auch gar nicht, haben sie sich doch damit abgefunden, dass der perfekte, völlig tugendhafte und sündenlose Mensch eine realitätsferne Idealvorstellung zugekiffter Philosophen ist.

In ihrem bereits erwähnten Buch „Ich bleib so scheiße, wie ich bin" setzt sich Rebecca Niazi-Shahabi mit dem Thema „Selbstverbesserungswahn" auseinander und plädiert für ein „konzeptionsloses Dahinleben". Ihrer Meinung nach (2013, S. 12)....

> droht nämlich durchaus nicht gleich das soziale Abseits, wenn man Gelegenheiten ergreift, anstatt Ziele zu verfolgen, und wenn man nur lernt, wo es unbedingt erforderlich ist. Kurz: Wenn man das Leben anfängt, bevor man perfekt ist.

Niazi-Shahabi hat völlig recht, wenn sie weiterhin darauf hinweist, dass das Leben auch dann gut sein kann, wenn man nicht vollkommen ist und sich nicht dem Änderungswahn anheimgibt. Wörtlich warnt sie (2013, S. 82):

> Das Bewältigen verzeihlicher Schwächen oder ganz normaler Gefühle kann zum Lebensinhalt werden, es kann das gesamte Denken in Beschlag nehmen und Unmengen von Energie verschlingen.

8 Gelassene Menschen wollen nicht perfekt sein

Bei all dem Ist-schon-okay-so-wie-ich-bin-Denken und dem Selbstbewusstsein, über das wir im vorangegangenen Geheimnis gesprochen haben, ist GEMs jedoch zugleich klar, dass sie das ändern können, was ihnen an sich selbst nicht gefällt. Wenn sie wollen. Das ist der entscheidende Unterschied zu nicht gelassenen Individuen: GEMs wollen nicht Mr./Mrs. Superperfekt sein, sie gestatten sich Defizite und Fehler. Mit einer beneidenswerten Leichtigkeit lernen sie aus eigenen Versäumnissen und wachsen daran.

Nicht Perfektionismus, sondern Authentizität ist das Ziel von GEMs. Authentisch zu sein, das ist derzeit zweifelsohne en vogue. Ratgeber und Seminare zu diesem Thema boomen. Sich so zu verhalten, wie es dem eigenen Wesen entspricht – das ist die Botschaft, die wir nur zu gern vernehmen und die von vielen Menschen als Vorwand gebraucht wird, um unbequeme Verhaltensweisen nicht ändern zu müssen. Warum soll ich meine Mitarbeiter nicht anbrüllen? Ich bin halt ein authentischer Chef! Herminia Ibarra, Professorin an der französischen Business School INSEAD, weist jedoch auf einen wichtigen Aspekt von Veränderungen hin (2015, S. 22):

> Wenn wir uns selbst als ‚unfertige', in ständiger Entwicklung begriffene Persönlichkeiten verstehen, kann uns das helfen, mit uns selbst in Einklang zu sein und dennoch flexibel auf die sich ständig verändernden Bedürfnisse unseres Arbeitsumfeldes reagieren zu können. [...] So widerspricht der Wunsch, seinem ‚wahren Ich' treu bleiben zu wollen, beispielsweise der Erkenntnis, dass wir Menschen uns vor allem über neue Erfahrungen weiterentwickeln und dabei Facetten unserer Persönlichkeit entdecken können, denen wir aus uns heraus nie auf die Spur gekommen wären.

Das haben auch GEMs verstanden und missbrauchen Authentizität nicht als Ausrede oder Entschuldigung für ihre negativen Wesenszüge. Wohl aber – ich wiederhole mich bewusst – übertreiben sie es nicht mit der Selbstverbesserung und stehen zu jenen Eigenschaften, die vielleicht nicht optimal sind, über die man jedoch auch galant mit einem Lächeln hinwegsehen könnte. Marotten und Schrullen hat schließlich jeder; zumal diese oft mit positiven Charaktermerkmalen verbunden sind, wie schon Abraham Lincoln (1809–1865), 16. Präsident der Vereinigten Staaten von Amerika, wusste:

> Ich habe die Erfahrung gemacht, dass Leute ohne Laster auch sehr wenige Tugenden haben.

Der nicht vorhandene Drang zum Perfektionismus heißt auch, dass GEMs nur maßvoll ehrgeizig sind. Ja, sie wollen etwas im Leben erreichen, wollen ein „guter" Mensch sein und recht handeln, aber sie kennen dabei ihre Schranken und können gut damit leben, wenn sie nicht in jeder Disziplin auf dem Siegerpodest stehen. Sie gönnen anderen neidlos ihre Erfolge und akzeptieren, wenn ihnen andere überlegen sein sollten. So what! Ihre Daseinsberechtigung gründen sie nicht darauf, stets als Erster über die Ziellinie zu rennen, ihr Selbstwertgefühl speist sich nicht aus ersten Plätzen. Und trotzdem landen sie sehr oft ganz weit vorne. Warum? Gerade weil sie so unverkrampft Aufgaben angehen, so spielerisch mit Herausforderungen umgehen und sich nicht unter Druck setzen lassen, gelingt ihnen vieles, was verbissene Perfektionisten nie schaffen würden.

Auch aus ihrem täglichen Leben haben GEMs den Drang zum Perfektionismus verbannt; sie achten darauf, Dinge so ordentlich wie erforderlich und so gut wie nötig zu machen. Auf Socken durch die schmutzige Wohnung

8 Gelassene Menschen wollen nicht perfekt sein

zu schlurfen, ist für sie auch irgendwie putzen. Und im Herbst das Laub zusammenzurechen, käme ihnen erst gar nicht in den Sinn – im Frühjahr haben es die Herbst- und Winterstürme ohnedies fortgeblasen. Klar, mit dieser eher lockeren Einstellung sollten GEMs nicht unbedingt als Pilot oder Chirurg arbeiten. Auch in einem Kernkraftwerk oder in einem Pharmalabor sollten sie besser nicht tätig sein. Aber ansonsten dürften sie mit dieser Einstellung ganz gut fahren.

9

Gelassene Menschen lassen sich nichts vorschreiben

So, nun wissen wir schon eine ganze Menge über die Geheimnisse von GEMs. Uns ist bekannt, dass sie sich annehmen, so wie sie sind, und gar nicht perfekt sein wollen. So verwundert es Sie bestimmt auch nicht zu erfahren, dass GEMs relativ unempfindlich gegenüber Veränderungsaufforderungen von ihren Mitmenschen sind. Viele kennen das aus ihrer Partnerschaft, wenn die (vermeintlich) bessere Hälfte einem ständig in den Ohren liegt mit „Jetzt häng doch nicht wieder nur faul auf der Couch rum" oder „Mach mehr Sport, du hast ja die Figur eines Wackelpuddings" oder „Zieh dich mal vernünftig an, du siehst ja aus wie der Altkleidersammlung entsprungen".

Von solchen mehr oder weniger freundlich hervorgebrachten Kommandos lassen sich GEMs ebenso wenig beeindrucken wie von den fast schon aggressiv formulierten Lebenshilfetipps in Frauenzeitschriften, Boulevardmagazinen und TV-Shows. Deren Aussagen zufolge müssten wir alle mindestens 15 Kilo abnehmen, Alkohol nur in homöopathischen Dosen konsumieren, unsere Garderobe monatlich austauschen, täglich drei Smoothies trinken und jeden Abend eine Achtsamkeitsmeditation machen. Darüber können GEMs nur milde lächeln – sie verändern sich von sich heraus und nicht, weil andere oder die Medien ihnen es sagen. Dies hätte ohnedies nur begrenzte Erfolgsaussichten. Ilja Grzeskowitz formuliert es treffend (2014, S. 36):

> Die Reaktionen auf äußere Veränderungsbeglückungen sind sowieso immer mehr oder weniger die gleichen. Manche reagieren trotzig, andere wütend und wiederum andere gar nicht. Und durch Druck erzeugen Sie vor allem eines, nämlich Gegendruck.

Bei GEMs ist es immer ein freiwilliges, selbstbestimmtes Sich-entwickeln-Wollen und kein oktroyiertes Entwickeln-Müssen. Sie lassen sich nicht von anderen vorschreiben, wie sie zu sein haben, und machen sich erst recht nicht zum Spielball des Zeitgeistes oder ihrer Umwelt, weil sie Franz Josef Strauß' Ausspruch beherzigen:

> Everybody's darling is everybody's Depp.

Abgesehen davon, wäre dies auch gar nicht möglich. Dort, wo ich früher gewohnt habe, stand in der Ortsmitte ein Haus, auf dessen Fassade dieser Spruch prangte:

> Jedem recht getan, ist eine Kunst, die niemand kann.

Okay, das reimt sich nicht wirklich, aber der Inhalt stimmt. In der Tat gibt es eine Menge Menschen, denen es sehr wichtig ist, bei allen ihren Mitmenschen beliebt zu sein – das ist die „disease to please", von der wir es schon hatten. Doch wollten wir den Erwartungen und den Ansichten all jener entsprechen, mit denen wir zu tun haben, wir müssten ein Rückgrat aus Knet und einen Charakter aus Fimo haben. Wie ein Chamäleon sein Äußeres der Umwelt anpasst, müssten wir unser Inneres permanent den Ansprüchen der uns umgebenden Mitmenschen angleichen. Wir wären das, was die FDP in der Politik ist – ein konturloses Etwas, das seine Identität häufiger wechselt als seine Unterhosen. Durch Anpassung erhalten wir zweifelsfrei Anerkennung von anderen, doch in genau gleichem Maße verlieren wir die Achtung vor uns selbst und inneren Halt.

GEMs haben es auch geschafft, sich von Verhaltensweisen zu emanzipieren, die sie in Kindheitstagen erlernt haben. Die Rede ist von den „inneren Antreibern". Dieses Konzept stammt aus der Transaktionsanalyse und wurde in den 1970er-Jahren entwickelt; es ist ein Modell, mit dem sich herausfinden lässt, welche Motivatoren man besitzt. Maßgeblich an der Entstehung dieses Ansatzes beteiligt war der US-amerikanische Psychologe Taibi Kahler. Seine zentrale These lautet: Als (kleine) Kinder sind wir völlig auf die Liebe und Zuwendung unserer Eltern angewiesen. Wir entwickeln daher ein feines Gespür dafür, für welches Verhalten wir Anerkennung erhalten und für welches nicht. Und da wir es unseren Eltern in der Regel recht machen wollen, zeigen wir meist das Verhalten, für das wir gelobt werden, beziehungsweise folgen wir den elterlichen Anforderungen. So lernen wir, dass es klüger ist, die kleine Schwester nicht bis zum Exitus zu würgen, weil wir sonst abends kein Fernsehen dürfen.

Aus diesen Anforderungen entstehen über die Zeit unbewusst unsere ganz persönlichen „inneren Antreiber", die zum festen Bestandteil unseres Selbst werden. Was soll daran schlimm sein? Solange wir unsere „inneren Antreiber" nicht kennen, haben wir keine Chance, sie zum Schweigen zu bringen. Denn das ist das Problem: Oft richten wir uns als Erwachsene ganz automatisch noch immer nach den „Eltern-Botschaften". Nur: Diese sind heute, da wir schon groß sind, gar nicht (mehr) hilfreich oder behindern uns (PS: Explizit davon ausnehmen möchte ich den elterlichen Ratschlag, beim Essen nicht in der Nase zu popeln – so was kommt in der Kantine meistens weniger gut an).

Die „inneren Antreiber" sind also nichts anderes als die Stimme „äußerer Autoritäten", vor allem unserer Eltern/ Erzieher. Durch sie lernen wir, was (angeblich) richtig und falsch ist, dadurch wird unsere Realität geprägt. Sie setzen sich so in unserem Denken fest, dass unser späteres Verhalten auf diese Weise bestimmt wird. Man könnte nun meinen, die „inneren Antreiber" wären ausschließlich negativ zu sehen. So ist es allerdings nicht. Sofern die Antreiber unreflektiert das eigene Leben bestimmen, können sie tatsächlich der Gelassenheit im Wege stehen. Jedoch sind die Antreiber zugleich eine bedeutsame innere Ressource, ohne die man vermutlich vieles im Leben nicht erreicht hätte; schließlich wollen sie einem helfen, erfolgreich zu sein. Der Punkt ist: GEMs geben den Antreibern nicht die uneingeschränkte Macht über ihr Leben, sondern setzen sich differenziert damit auseinander und werfen jene in den Sondermüll, die sie limitieren beziehungsweise nicht zu ihnen passen.

All das soll nun nicht heißen, dass GEMs beratungsresistent wären oder sich nicht um die Meinung ihrer Mitmenschen scheren würden. Sie gehen nur anders damit um als der gestresste Normalo. Wenig überraschend reagieren sie ganz gechillt auf Kritik. Sie nehmen sie wahr, aber sich nicht zu Herzen. Unberechtigte Kritik prallt an ihnen ab wie Sachargumente an den AfD-Vollpfosten;

sie haftet an ihnen wie Spiegeleier in einer Teflonpfanne – gar nicht. Berechtigte Kritik lässt sie nicht in Tränen ausbrechen, sondern wird in einer von zwei Kategorien verbucht: 1) „Ah, stimmt – das sind meine Grenzen, gut, dass ich sie mal wieder gesehen habe." Oder: 2) „Okay, daran könnte ich wirklich mal arbeiten … wenn ich Lust dazu habe."

10

Gelassene Menschen nehmen sich selbst nicht zu ernst

GEMs kennen die Bedeutung der Zahl 108.000.000.000 (in Worten: einhundertundacht Milliarden). So viele Menschen haben bisher insgesamt auf der Erde gelebt.[1] Angesichts dieser unvorstellbar großen Menge erkennen GEMs ihre eigene Bedeutung auf unserem Planeten: Sie tendiert gegen null. GEMs wissen, dass es eigentlich nicht auf sie ankommt – sie sind ein Sandkorn am Strand, ein Tropfen im Ozean, ein Bit in Googles Serverfarmen, ein Armband an Wolfgang Petrys Handgelenk. Deshalb nehmen sie sich auch nicht so wichtig, zumal sie (zumindest die gläubigen Christen unter ihnen) wissen, dass ihre Chance, in den Himmel zu kommen, verschwindend gering ist. In der Bibel ist nämlich die Aufnahmekapazität exakt angegeben. In der Offenbarung

---

[1] http://www.spektrum.de/frage/wieviele-menschen-lebten-auf-der-erde/1253576

(14:1,3) ist von 144.000 Geschöpfen die Rede. Selbst wenn ab sofort keine weiteren Menschen geboren würden, betrüge die rechnerische Wahrscheinlichkeit, einen Logenplatz da oben zu erhalten, magere 0,00000926 %. Lottospielen ist da deutlich aussichtsreicher.

Gerade weil GEMs um ihren wahren Stellenwert wissen, nehmen sie sich selbst nicht so wichtig und die Dinge mit Humor. Sie können über sich lachen und andere zum Lachen bringen, weil sie dem Ernst des Lebens stets auch eine lustige Seite abgewinnen können. Das Paradoxe dabei ist, dass genau in dem Maße, in dem man über sich selbst spottet, die uns zugeschriebene Glaubwürdigkeit steigt. Albert Einstein hat das so ausgedrückt:

> Wer über sich selber lachen kann, wird am ehesten ernst genommen.

Wenn's zum Weinen nicht reicht, dann grinsen GEMs. Überhaupt: GEMs haben sich einen nahezu kindlichen Witz erhalten. Unangenehme Telefonate beenden sie schon mal mit der Bemerkung: „Ich muss aufhören, die Schaukel wird gerade frei." Im Restaurant antworten sie dem Kellner auf die Frage, ob sie noch eine Apfelsaftschorle wollen, mit: „Nein danke, ich muss noch fahren", und im Supermarkt schmuggeln sie gelegentlich anderen Kunden eine Packung Kondome in den Wagen. Letzteres machen sie vor allem bei mittelalten Paaren und beobachten diese später an der Kasse. Herrlich, die Szenen, die sich dann abspielen: „Wie heißt die Schlampe, mit der du mich betrügst?"

So witzigg, wie GEMs oft drauf sind, so emotionslos gestehen sie sich ein, dass sie verzichtbar sind. Natürlich haben auch sie Menschen, denen sie etwas bedeuten: Eltern, Partner, Kinder und Freunde. Jedoch ist ihnen bewusst, dass das Leben auch ohne sie weitergehen und die Sonne morgen wieder aufgehen würde. Am Arbeitsplatz halten sie sich ebenfalls für ersetzbar. Selbst wenn sie noch so talentiert sein sollten, wissen sie doch nur zu genau, dass es genügend andere gibt, die ihre Aufgaben mindestens so gut ausführen können. Leider haben es bislang nur ganz wenige GEMs in die Chefetagen geschafft. Dort tummeln sich eher genau entgegengesetzte Typen: Selbstverliebte Psychopathen mit ausgeprägtem Realitätsverlust, die meinen, die gesamte Galaxie würde sich nur um sie drehen. Im Mittelalter wären solche Gestalten auf dem Scheiterhaufen gelandet. Ähnliche Charaktere treffen wir auch gehäuft in der Politik an, und damit meine ich nicht nur Donald Trump in den USA, sondern ebenfalls etliche politische Würdenträger jedweder Couleur hierzulande.

Wie auch immer: GEMs haben gepeilt, dass das Universum sie nicht wirklich braucht. Manch einer mag eine solche Sichtweise für erschreckend halten. Manchen wird sie sogar verstören, bekommen wir doch seit unserer Geburt eingeredet, wie einmalig wir seien. Ja klar, einmalig sind wir schon, aber das heißt nicht, dass die Welt auf uns gewartet hat. GEMs haben das realisiert, ohne deshalb depressiv zu werden. Ganz im Gegenteil: Diese Einsicht hilft ihnen enorm, im Alltag den richtigen Maßstab anzulegen. Sie flippen nicht aus, wenn der Fahrer vor ihnen den letzten freien Parkplatz belegt, und sie bekommen auch keinen Herzinfarkt, wenn sie sich beim Discounter an der falschen Kasse angestellt haben, an der gerade mal wieder die Bonrolle zu Ende gegangen ist.

Es ist nicht nur die Erkenntnis ihrer eigenen Bedeutungslosigkeit, die GEMs leichtfüßig durch den Dschungel des Lebens hüpfen lässt, sondern noch eine weitere wichtige Lektion, die sie gelernt haben, nämlich: Sich mit anderen zu vergleichen, führt meist unmittelbar zu Frustrationen. François Lelord (2012, S. 27) drückt dies mit wenigen Worten in seinem Buch „Hectors Reise" so aus:

> Vergleiche anzustellen ist ein gutes Mittel, um sich sein Glück zu vermiesen.

Aber mal ganz ehrlich: Das machen wir doch nur zu oft – uns mit anderen zu vergleichen. Mädels sind da – ja, ich muss es so offen aussprechen, selbst wenn ich mich der Gefahr anheimgebe, von meinen Leserinnen als rückwärtsgewandter Macho gescholten zu werden – deutlich schlimmer als Jungs. XX-Bechromosomte können einander freundlichst für zwei Sekunden in die Augen blicken und haben in dieser Zeit einen detaillierten Gesamtbodyscan des Gegenübers durchgeführt: Haarfarbe, Dicke des Make-ups, Körbchengröße, Taillenumfang und Hinternform werden da in Lichtgeschwindigkeit abgeglichen. Und wehe, die andere schneidet auch nur in einer Kategorie besser ab …

Geschlechtsunabhängig gilt: Je mehr wir uns vergleichen, desto häufiger werden wir entdecken, was uns alles fehlt oder was wir schlechter können. Es wird immer jemanden geben, dem es besser geht – der Nachbar hat ein schnelleres Auto, der Kollege ein größeres Büro, der Schwager einen besseren DSL-Anschluss, der Kumpel eine attraktivere Geliebte. Das Problem dabei ist, dass wir selten objektiv vergleichen. Wir sind da nämlich in aller Regel sehr selektiv und nehmen jene zum Maßstab, die uns überlegen sind. Wir schauen nach oben und stellen frustriert fest: „Scheiße, wie geht's mir doch mies."

GEMs begehen diesen Fehler nicht. Und wenn sie sich doch einmal vergleichen sollten, dann mit Menschen, die bedeutend schlechter dran sind als sie selbst! Dazu fällt mir ein Cartoon ein, den ich vor vielen Jahren einmal gesehen habe. Auf dem ersten Bild sieht man eine Zahnbürste, die sagt: „Ich habe den miesesten Job der Welt." Auf dem zweiten Bild erkennt man ein Klopapierrolle, die nur ein lakonisches „Ach nee" von sich gibt.

Teil III

Dich mag ich – du hast genauso einen an der Klatsche wie ich

11

Gelassene Menschen haben ein positives Menschenbild

Im vorangegangenen Kapitel haben wir untersucht, wie GEMs sich selbst sehen; nun wollen wir mal betrachten, welche grundsätzliche Einstellung sie gegenüber ihren Mitmenschen hegen beziehungsweise welche Auffassung sie vom Wesen des Menschen haben. Meine Recherchen zeigen, dass es mindestens drei unterschiedliche Menschenbilder gibt:

1. Jeder Mensch ist ein Individuum, mit ganz speziellen guten und schlechten Eigenschaften. Eine allgemeingültige „Natur des Menschen" existiert nicht – manche sind so und manche sind anders.
2. Alle außer mir sind Vollpfosten und haben nur Schlimmes im Sinn. Die wahre Seele des Menschen ist tiefschwarz. Man kann niemandem trauen.

3. Jeder Mensch ist im Kern gut und hat fast immer positive Absichten. Ich kann anderen vertrauen, mir will keiner vorsätzlich schaden.

Welchem Menschenbild folgen GEMs? Nun, das ist nicht schwer zu erraten. Sie stellen ihre Mitbürger nicht unter Generalverdacht, indem sie ihnen pauschal böse Motive zuschreiben. Auch wissen sie natürlich um die Individualität der Spezies Homo sapiens, gehen aber davon aus, dass keiner der ca. 8 Mrd. Erdenbürger als schlechter Mensch geboren wird. Dennoch haben sie schon oft genug erfahren, dass sich nicht jeder ihrer Zeitgenossen wie Mutter Teresa verhält. Ja, sie haben auch schon sehr bittere Erfahrungen gemacht. Sie wurden betrogen. Sie wurden belogen. Sie wurden beklaut. Ihr Vertrauen wurde missbraucht. Der dicke Karl hat ihnen in der Schule immer das Pausenbrot weggegessen, und manche an beste Freunde ausgeliehene Bücher haben sie nie mehr zurückerhalten.

Trotz all solcher Enttäuschungen lassen sich GEMs ihr Menschenbild nicht zerstören. Vielmehr interpretieren sie bittere Erlebnisse als Ausnahmen von der Regel. Klar, dazu gehört eine verdammt große Portion Optimismus und wahrscheinlich auch eine gewisse Naivität. Vor allem jedoch sind Empathie und Einfühlungsvermögen erforderlich. Und das besitzen GEMs im Überfluss. Ihnen gelingt es, unglaublich viel Verständnis für die Situation anderer zu zeigen. Natürlich fällt ihnen das oft auch nicht leicht, aber sie schaffen es immer wieder, sich in andere hineinzudenken. Wenn sie sich über jemanden aufregen oder ärgern, stellen sie sich die Frage: Wer hat den anderen wohl so schlimm behandelt, dass er/sie mich (heute) so mies behandelt? Auf diese Weise kommen GEMs auch mit Plagegeistern, Querulanten, Intriganten, Nervensägen, Wichtigtuern, Versicherungsvertretern und Callcenter-Mitarbeitern leidlich gut zurecht.

11 Gelassene Menschen haben …

GEMs ist bewusst, dass sie ihre Mitmenschen überhaupt nicht kennen und stets nur einen Bruchteil ihrer Persönlichkeit zu sehen bekommen. Welche Erfahrungen hat der andere in seinem Leben gemacht? Wurde er/sie als Kind geschlagen? Wuchs er/sie in ärmlichsten Verhältnissen auf? Ist sein/ihr Vater früh gestorben? Musste er/sie sich gegenüber älteren Geschwistern behaupten? War er/sie in einen schlimmen Verkehrsunfall verwickelt? Hat er/sie einen angeborenen Herzfehler? Leider er/sie unter einer Gluten-Lactose-Ameisen-Intoleranz? All das und vieles mehr wissen wir nicht, aber es hat den anderen geprägt. Die seelischen Wunden, die emotionalen Verletzungen und die psychischen Brüche unseres Gegenübers stehen nicht auf seiner/ihrer Visitenkarte. Das haben GEMs verstanden und interpretieren deshalb ein negatives Verhalten anderer nicht als Beleg für eine schlechte Natur des Menschen. Vielmehr erkennen sie, dass sie selbst in der „Ovarian Lottery" – in der „Eizellenlotterie", ein Begriff, den Warren Buffet geprägt hat – gewonnen haben und sind danbar dafür.

Auch wenn ein solches Denken und Handeln etwas Märtyrerhaftes an sich hat, so ist dies doch keine dumme Strategie, denn so profitieren wir selbst am meisten, wie Bodo Schäfer (2014, S. 143) darlegt:

> Wir erreichen mehr, wenn wir einen Umgang mit Menschen pflegen, der auf Verständnis, Toleranz, positiver Einschätzung des anderen, gutem Willen, Freundlichkeit und Zuneigung, Interesse und Friedfertigkeit basiert. Dieser Umgang sollte mit dem aufrichtigen Wunsch verbunden sein, dass es anderen genauso gut gehe wie uns selbst.

Gelassenheit erlangen wir durch einen liebevollen Blick auf uns selbst und auf alles um uns herum. Wer seine Mitmenschen und sich selbst mit einer positiven Einstellung anschaut, kommt deutlich entspannter durchs Leben. Gelassenheit gedeiht, wenn wir andere nicht als

Gegner, sondern als gleichberechtigte, ebenso liebenswerte Menschen betrachten wie uns selbst. Deshalb müssen wir ja nicht gleich den Fahrradfahrer, der uns in der Fußgängerzone fast über den Haufen fährt, abknutschen oder dem Typen vom Verkehrsüberwachungsdienst, der uns gerade einen Strafzettel an die Windschutzscheibe geheftet hat, um den Hals fallen. Es reicht schon, sie nicht als Inkarnation des Bösen zu behandeln.

Wer in anderen immer Schlechtes vermutet, der wird sich schwer damit tun, Gelassenheit zu erreichen. Warum? Weil das Du-findest-was-du-suchst-Paradoxon (in der Fachsprache: „Aufmerksamkeits-Illusion") zuschlägt. Das kennen Sie doch bestimmt: Von dem Moment an, ab dem Sie sich ein neues Auto kaufen wollen und sich für einen ganz bestimmten Typ näher interessieren, vielleicht auch schon Ihre Wunschfarbe ausgewählt haben, fallen Ihnen im Straßenverkehr nur noch schwarze VW Polos oder silberne Opel Corsas auf. Die gab es natürlich schon zuvor, aber jetzt stechen sie Ihnen halt viel häufiger ins Auge. Genauso ist es, wenn Sie davon ausgehen, dass ein anderer unlautere Absichten hat. Garantiert werden Sie genügend Belege für Ihre Annahme finden.

Die Kunst besteht deshalb darin, vorurteilsfrei auf andere zuzugehen, deren Verhalten nicht zu bewerten (dazu mehr beim Geheimnis Nr. 15), sich in Toleranz zu üben und sein Gegenüber so zu akzeptieren, wie er/sie ist. Das darf man selbstverständlich auch von anderen erwarten. Antoine de Saint-Exupéry hat das wunderschön so beschrieben:

> Ich weiß dir Dank dafür, dass du mich so hinnimmst, wie ich bin. Was habe ich mit einem Freund zu tun, der mich wertet? Wenn ich einen Hinkenden zu Tisch lade, bitte ich ihn, sich zu setzen, und verlange von ihm nicht, dass er tanze.

12

Gelassene Menschen hören zu

Wie äußert sich ein positives Menschenbild ganz konkret im Alltag? Nun, durch einige Verhaltensweisen, über die wir noch an verschiedenen Stellen in den kommenden Geheimnissen sprechen werden, vor allem jedoch durch die Aufmerksamkeit, die wir anderen schenken, insbesondere indem wir gut zuhören. Doch um diese Begabung ist es oft schlecht bestellt. Richard Carlson (2005, S. 19) hat es auf den Punkt gebracht:

> Unsere Unfähigkeit zuzuhören, ist in gewisser Weise ein Symbol für die Art, wie wir leben. Wir verhalten uns oft so, als sei Kommunikation ein Wettrennen.

Was meint Carlson damit? Bestimmt kennen Sie das doch: In der Teeküche stehen Sie mit ein paar Kollegen zusammen und berichten über einen Ausflug, den Sie am Wochenende mit Ihren Kindern gemacht haben.

Gerade haben Sie im zweiten Satz erwähnt, dass Sie zum Adventure-Golfspielen waren, und wollen nun erzählen, was genau Sie da erlebt habt. Doch Sie kommen nicht dazu, denn der Volprecht fällt Ihnen sofort ins Wort: „Das habe ich vergangenen Monat auf Mallorca auch gemacht." Indes – dies war nur das Stichwort für die Klingelhöfer, die Volprecht unterbricht und von der fantastischen Finca schwärmt, auf der sie über Ostern war. Na ja, und in diesem Stil geht es dann munter weiter.

Diese konkurrenzorientierte Kommunikation hat fatale Auswirkungen. Wenn wir einander nicht wirklich zuhören, kommt es zu Missverständnissen, Enttäuschungen und Konflikten. Wir fühlen uns nicht wahrgenommen, wir vermissen Wertschätzung und echte Anteilnahme. Hören Partner, Eltern, Kinder, Freunde, Vorgesetzte oder Kollegen dauerhaft nicht (richtig) zu, treten wir den Rückzug oder gar den Weg in die innere Emigration an. Der im vorangegangenen Geheimnis bereits zitierte Antoine de Saint-Exupéry darf gleich nochmals zu Wort kommen mit einer Erkenntnis, die GEMs stets beherzigen:

> Der beste Weg, einen Menschen zu ehren, ist, im zuzuhören.

Die meisten Zeitgenossen schaffen es viel zu selten, andere in diesem Sinne zu „ehren". Denn in fast jeder Gesprächssituation taucht beim Zuhörer die Versuchung auf, sich irgendwie abzulenken. Das hat auch äußere Ursachen: Lärm, schlechte Luft, schlechte Akustik oder eine schwer verständliche Ausdrucksweise. Verschiedene Studien zeigen, dass der Mensch nur etwa 30 s in der Lage ist, intensiv zuzuhören – danach lässt er seine Gedanken automatisch schweifen: „Was koche ich nur heute Abend?" Oder: „Wenn ich nachher wieder am Schreibtisch bin, muss ich

12 Gelassene Menschen hören zu

daran denken, noch meinen Tipp für die Viertelfinalspiele abzugeben." Dabei könnte es so einfach sein, denn eigentlich ist nicht viel erforderlich, um ernsthaft zuzuhören (und nicht nur hinzuhören). GEMs beherrschen die Regeln des guten Zuhörens: Sie signalisieren durch gelegentliches Nicken, dass sie aufmerksam dabei sind. Denn in der Regel beobachtet einen der Gesprächspartner genau und sucht in unserer Körpersprache Hinweise darauf, ob man ihm folgt. Allerdings machen sie nicht den Wackeldackel, der unablässig den Kopf vor- und zurückschlägt, vielmehr neigen sie gelegentlich, bei passenden Gelegenheiten, ihr Haupt zustimmend nach vorn.

Zudem setzen GEMs öfter positive Gesprächsverstärker ein, wie zum Beispiel: „aha", „tatsächlich", „mmh", „ja", „genau", „ach was". Auch das tun sie mit Bedacht. Berichtet ihr Büronachbar beispielsweise, dass er nach Feierabend auf dem Heimweg noch beim dm Drogeriemarkt vorbei muss, um Klopapier zu kaufen, kommentieren sie dies nicht durch ein erstaunt-bewunderndes „Ach was".

Ähnlich behutsam spiegeln GEMs die Gefühle ihres Gesprächspartners: Sie lächeln etwa, wenn er lächelt, oder schauen nachdenklich, wenn das Gegenüber dies tut. Selbstverständlich äffen sie den anderen nicht nach – sie achten lediglich genau auf die Körperhaltung und den Gesichtsausdruck des anderen und versuchenn, diese zu imitieren, ohne dabei gekünstelt zu wirken. In der Fachsprache ist das als „Pacing" bekannt und dient dazu, eine vertrauensvolle Gesprächsatmosphäre zu schaffen.

Vor allem jedoch praktizieren GEMs die Technik des aktiven Zuhörens, indem sie wichtige Aussagen des Gesprächspartners mit eigenen Worten wiederholen. Dazu verwenden sie Formulierungen wie: „Du meinst also, dass …", „Das bedeutet, dass …", „Zusammengefasst heißt das also …", „In anderen Worten …".

Dadurch, dass GEMs gut zuzuhören, vermeiden sie nicht nur Missverständnisse und zeigen dem anderen Wertschätzung, sondern sie gewinnen noch in anderer Hinsicht. Denn: Jede Minute, die man darauf verwendet, andere zu beeindrucken – indem man selbst erzählt –, ist eine Minute, in der man keine Informationen erhält. Frank Bettger, ein US-amerikanischer Versicherungsvertreter, der in den 1950er-Jahren sehr erfolgreich war, wird mit dem Ausspruch zitiert:

> Wir könnten viel gewinnen, wenn wir jeden Morgen Gott bitten würden: ‚Hilf mir, dass ich den Mund halte, bis ich alles Nötige erfahren habe!'

Die Lektion daraus: Wer zuhört, zeigt nicht nur ein empathisches Verhalten, sondern nutzt auch sich selbst. Dies gilt übrigens noch in einer weiteren Hinsicht, denn gut zuzuhören fördert das eigene Ansehen bei den Mitmenschen. Man empfindet einen Gesprächspartner dann als besonders sympathisch, wenn er einem gut (und ausdauernd) zuhört. In Untersuchungen wurde nachgewiesen: Je länger der eigene Redeanteil in einem persönlichen Gespräch war, desto netter und klüger wurde der andere eingeschätzt. Paradox, aber genau so ist. Ich war mal mit meiner Frau zu einer Geburtstagsfeier eingeladen, auf der ich absolut niemanden kannte. Ich hole mir vom Buffet zu essen, goss mir einen Grauburgunder ein und setzte mich an eine der Biergarnituren. Mit den anderen Gästen begann ich ein Gespräch, indem ich mich in drei Sätzen lobend über die schöne Gegend (es war die Pfalz) auslieb. Dies sollten meine einzigen Äußerungen an diesem Abend bleiben. Fast vier Stunden lang – von einigen wenigen Unterbrechungen für Getränkenachschub und entsprechende Entleerung abgesehen – erzählten mir die Gäste an meinem Tisch ihre Lebensgeschichten.

Ein paar Tage später telefonierte mein Schatz mit ihrer Freundin, die die Party ausgerichtet hatte. Wissen Sie, was sie sagte? Die Leute an meinem Tisch hätten gemeint, dass ich so ein sympathischer Kerl sei. Komisch, ich hatte ja überhaupt nichts von mir erzählt und nichts anderes getan als zugehört.

13

Gelassene Menschen fragen nach

Sicherlich haben nicht alle GEMs das Hauptwerk „Schnelles Denken, langsames Denken" des Nobelpreisträgers Daniel Kahneman gelesen, dennoch kennen sie intuitiv dessen Hauptthese, wonach wir stets eine verzerrte Wahrnehmung haben und zahlreiche Denkfehler unseren Blick trüben. Das Gehirn verarbeitet nämlich vor allem Signale, die unseren Erwartungen widersprechen. So würde Angela Merkel im neongelben Bodysuit beim Staatsempfang mehr Aufmerksamkeit erhalten als im pastellfarbenen Kostüm. Auch Informationen, die neu sind oder auf eine potenzielle Gefahr hinweisen, lassen uns wachsam werden – das meiste andere findet keine/kaum Beachtung.

Die circa 1,2 kg schwere Schwabbelmasse zwischen den Ohren spielt uns also oft Streiche bei der Wahrnehmung. Die US-amerikanische Bestsellerautorin Byron Katie (2002) hat dies früh verstanden und zum Kern ihrer Methode „The Work" gemacht, die dabei helfen soll, seelische Krisen und Probleme zu überwinden. The Work besteht aus nur vier Fragen, wovon die ersten beiden lauten: 1. Ist das wahr? 2. Kannst du mit absoluter Sicherheit wissen, dass das wahr ist?

Zahlreiche Wissenschaftler und Autoren haben sich in den letzten Jahren mit den Themen Wahrnehmungsverzerrung und Denkfehler auseinandergesetzt. Es würde den Rahmen dieses kompakten Büchleins sprengen, diese hier in Gänze vorzustellen. Ich beschränke mich daher auf einige wichtige Fakten und Fallen, die uns unser Gehirn – sofern vorhanden – stellt.

Fangen wir mit etwas an, was eigentlich gar kein Denkfehler ist, nämlich mit akustischen Missverständnissen. In Gesprächen hat man vielleicht nicht aufmerksam zugehört, weil man parallel Angry Birds auf dem Smartphone gespielt hat. Oder es gab Störgeräusche (wie etwa ein in unmittelbarer Nachbarschaft explodierender Gastank). Oder das Gegenüber nuschelt wie Udo Lindenberg. Oder unser Gesprächspartner gehört einem entlegenen bayerischen Stamm an, dessen Dialekt nicht im Entferntesten zu verstehen ist. Oder der andere verwendet absichtlich oder unbewusst (Fach-)Begriffe, die uns nicht geläufig sind, etwa wenn der Arzt murmelt: „Sie haben maligne Bradyphrenie", und dabei eigentlich meint: „Sie leiden unter einer bösartigen geistigen Verlangsamung." All das kann dazu führen, dass bei uns nur ?6r$xß7 ankommt, wir uns aber scheuen nachzufragen, was man uns denn eigentlich sagen wollte. So geschehen in einem Fall, über welchen das Amtsgericht Stuttgart-Bad Cannstatt (AZ 12 C 3263/11) zu urteilen hatte. Eine gebürtige Sächsin wollte ins portugiesische Porto fliegen. Sächsisch ausgesprochen kam das bei der schwäbischen Mitarbeiterin des Reisebüros allerdings als Bordeaux an, welches sie dann auch als Reiseziel buchte. Nachdem die Kundin die Bezahlung der „Falschbuchung" verweigerte, wurde sie vom Reisebüro verklagt und musste tatsächlich blechen. Das Gericht war der Ansicht, dass für akustische Missverständnisse infolge der sprachlichen Eigentümlichkeiten des sächsischen Dialekts allein der Erklärende verantwortlich sei.[1] Also: Sachsen, Oberfranken und Pfälzer – passt auf, wenn ihr eine Reise bucht.

Nicht nur falsch ausgesprochene Städtenamen, sondern auch neurologische Filterprozesse können zu Missverständnissen führen. Auf gut Deutsch heißt das: Wir nehmen nur einen Bruchteil all der Informationen, die auf uns einströmen, bewusst wahr. Das Nervensystem filtert von den eintreffenden 11 Mio. Bits, die wir pro Sekunde empfangen, nur ca. 200 heraus, die bewusst gleichzeitig wahrgenommen werden können. Das ist echt wenig. So soll unser Gehirn vor Überlastung geschützt werden.

Eine weitere Besonderheit unseres Denkapparats sorgt dafür, dass jeder von uns die Umwelt anders wahrnimmt. Aufgrund von persönlichen Erfahrungen und Interessen bevorzugen wir nämlich bestimmte Informationen, während wir andere eher vernachlässigen oder vielleicht überhaupt nicht zur Kenntnis nehmen. Ganz deutlich ist unsere Fähigkeit zum Ausfiltern von Unerwünschtem beim sogenannten „Cocktailpartyeffekt". Es ist unsere Fähigkeit, aus einer Geräuschkulisse – beispielsweise bei einer Feier, daher der Name – ein einzelnes Wort (wie etwa unseren Namen) herauszuhören. Das Murmeln und Gläserklirren blenden wir einfach aus.

Auch Glaubenssätze verfälschen die Wahrheit. Wenn man beispielsweise (als Frau) den Glaubenssatz hat, dass kein Mann treu sein kann, dann wird man bei jedem Partner Anzeichen von Untreue sehen, selbst wenn gar keine vorhanden sind. Wie unsichtbare Filter legen sich

---

[1] https://www.haufe.de/recht/weitere-rechtsgebiete/allg-zivilrecht/pardon-bordeaux-statt-porto_208_142930.html

Glaubenssätze – die von unserer Perspektive, unserer Persönlichkeit, unserer ganzen Vorgeschichte, unseren Erfahrungen geprägt werden – über unsere Wahrnehmung und unser Denken. Wir erkennen die Glaubenssätze als solche gar nicht mehr, sondern betrachten alles durch die Brille dieser Sätze. Aber: Wenn wir etwas glauben, dann ist das nur eine mögliche Sicht der Dinge und eben nicht die Realität; nicht immer ist die Welt so, wie wir sie wahrnehmen – und das muss nicht daran liegen, dass unsere Sinne noch vom Restalkohol des gestrigen Kneipenbesuchs benebelt sind.

Dazu fällt mir ein altes Gleichnis aus Südasien ein: Mehrere Blinde befühlen einen Elefanten und kommen zu jeweils völlig unterschiedlichen Erkenntnissen, um welches Objekt es sich da handelt. Der Blinde, der den Stoßzahn betastet, meint, es handele sich um einen Speer, derjenige, der das Bein untersucht, glaubt, es wäre eine Säule, und derjenige, der das Ohr befühlt, vermutet, dass er einen Fächer zu greifen bekommen hat. Wie oft gleichen wir jenen Blinden! Wir sehen immer nur Ausschnitte, halten diese aber für das Gesamtbild.

Alle diese Filterprozesse und Verzerrungen sind uns Menschen in der Regel nicht bewusst. So schafft jeder Mensch ständig blinde Flecken in seiner Wahrnehmung. Auf den Punkt gebracht: Belastende Situationen (wie etwa Auseinandersetzungen) sind oft auf Missverständnisse, Sinnestäuschungen und Denkfehler, nicht jedoch auf gegensätzliche Standpunkte zurückzuführen. So einfach wie treffend hat dies die französische Schriftstellerin Anaïs Nin (1903–1977) ausgedrückt:

> Wir sehen die Dinge nicht, wie sie sind. Wir sehen sie so, wie wir sind.

Wer sich der verzerrten Wahrnehmung nicht bewusst ist, macht sich das Leben oft schwer, vor allem deshalb, weil er sich in seinem Handeln einschränkt und sich der Chance beraubt, andere – eventuell positivere – Erfahrungen zu machen. Jon Kabat-Zinn (2014, S. 24) drückt das so aus:

> Die ganze Fülle des Lebens liegt in der Erfahrung des gegenwärtigen Augenblicks, im Jetzt, aber viel zu oft stehen wir dieser Erfahrung selbst im Weg. Wir sehen es nicht so, wie es wirklich ist, weil wir den Dingen unsere vorgefassten Meinungen und Denkmuster überstülpen. Wir gehen davon aus, dass unsere alltägliche Sicht die einzig richtige ist.

Das gilt erst recht für Konfliktsituationen. Dann haben wir einen noch eingeschränkteren Blick als sonst. Konflikte üben auf die meisten Menschen eine Wirkung aus wie ein Fluss im Gebirge: Wir geraten in den Strudel der Auseinandersetzungen und spüren, wie uns eine Macht mitzureißen droht, doch wir können nichts dagegen unternehmen. Das ist wie an einem Vorweihnachtssamstag auf der Zeil oder der Kö – versuch da mal, gegen den Strom zu laufen.

Konflikte beeinträchtigen unsere Wahrnehmungsfähigkeit sowie unser Denk- und Vorstellungsleben. Wir sehen die Umwelt nicht mehr richtig; unser Auge ist „getrübt": Wir betrachten uns sowie den Gegner verzerrt und völlig einseitig. Unser Denken und Handeln folgen Zwängen, deren wir uns nur zu einem kleinen Teil bewusst sind und uns kaum entziehen können.

Im Verlauf eines Streits sehen wir die Welt zunehmend anders – unser Blick verändert sich wie in einem Verzerrspiegel. Manches erkennen wir besonders scharf, anderes nur verschwommen oder übersehen es sogar. Das, was uns am anderen stört, registrieren wir sehr deutlich, unsere eigenen Schwächen dagegen kaum. Wir haben Scheuklappen auf! Mehr dazu beim Geheimnis Nr. 18.

GEMs wissen, dass wir die Welt und unsere Mitmenschen nicht objektiv sehen, weshalb sie ihrem Gegenüber stets konzentriert zuhören (darum ging es ja beim Geheimnis Nr. 12) und bei Unklarheiten sofort nachhaken. Bevor sie anfangen, sich über etwas aufzuregen oder zu streiten, prüfen sie, ob nicht vielleicht ein Missverständnis vorliegt, und fragen sich: „Habe ich das richtig wahrgenommen oder habe ich da vielleicht etwas falsch verstanden?"

14

Gelassene Menschen versuchen, andere zu verstehen

Im vorherigen Geheimnis hatten wir es davon, dass wir die Welt oft nicht so sehen, wie sie ist, weil wir eine recht schräge Wahrnehmung haben. Dies kann mitunter zu Fehldeutungen, Konflikten und Stress führen – allesamt Dinge, die wir brauchen wie Fußpilz. GEMs fragen daher im Zweifelsfall immer nach, ob sie eine Situation so wahrgenommen haben, wie sie wirklich ist.

Aber selbst, wenn uns unsere Sinne nicht getäuscht haben, passiert es oft genug, dass wir mit dem, was ein anderer gesagt oder getan hat, nicht einverstanden sind. Fährt Ihnen beispielsweise auf dem Fußgängerweg ein pubertierendes Pickelgesicht mit seinem Skateboard von hinten in die Kniekehle und Sie liegen da wie ein zugedröhnter Maikäfer, müssen Sie sich nicht groß fragen: Bin ich jetzt tatsächlich zu Boden gestürzt? Das werden Sie schon merken. GEMs würden in diesem Moment jedoch nicht anfangen, den Straßenrambo wild zu beschimpfen. Sie würden zunächst versuchen, ihn zu verstehen beziehungsweise eine Erklärung für sein Verhalten zu finden. War er vielleicht nur abgelenkt, weil er gegenüber ein verdammt heißes Mädel gesehen hat? War er eventuell so in seinen Gedanken, weil er vorhin in der Schule die Matheex mit einer 5-zurückbekommen hat? Überhaupt: Waren wir als 14-Jährige nicht ähnlich kamikazemäßig unterwegs und haben dabei so manchen Passanten mit dem Bonanzarad umgenietet?

Wir sind oft nicht gelassen, weil wir anderen bestimmte Absichten unterstellen, ohne wirklich zu wissen, weshalb sie so handeln, wie sie es tun. Okay, höchstwahrscheinlich war das Pubertier einfach nur gedanken- und rücksichtslos. Aber es gäbe ja auch andere, plausible Erklärungen. Und dennoch meinen wir nur zu oft die Motive unserer Mitmenschen zu durchschauen: „Der Jens-Uwe schleimt in der Besprechung doch nur rum, weil er scharf auf die Position des Vertriebsleiters ist." „Die Gräbners haben sich den BWM ja nur gekauft, damit wir neidisch sind." Wie häufig wissen wir selbst nicht, warum wir etwas machen (oder unterlassen), bei unseren Zeitgenossen sind wir uns hingegen immer todsicher, deren Beweggründe zu kennen.

Führende Konflikt- und Kommunikationsexperten – ob Carl Ransom Rogers, Marshall Bertram Rosenberg oder Roger Fisher – sind waren sich einig: Die wichtigste Maßnahme, um Auseinandersetzungen zu lösen (und dadurch gelassener zu werden), ist es, die Bedürfnisse, Interessen oder Motive des Gegenübers in Erfahrung zu bringen. Ja, es ist wirklich so einfach. Dennoch vergessen wir im Alltag nur zu häufig, nach dem Warum zu fragen. Wir streiten über Positionen, statt zu versuchen, die Interessen offenzulegen. Stattdessen unterstellen wir oft schlechte Absichten. Wer sich jedoch die Mühe macht und die Bedürfnisse des anderen durch die banalen Fragen „Warum machst du das?" oder „Warum ist Ihnen das wichtig?"

eruiert, wird sicherlich oft genug überrascht feststellen, dass die Beweggründe völlig andere sind, als wir dachten.

Der US-amerikanische Selbsthilfe-Experte Stephen Richards Covey liefert dazu ein nachdenklich stimmendes Beispiel (vgl. 2012): Der weltbekannte US-Autor fuhr einmal mit der U-Bahn. In dem Waggon tollten drei Kinder lautstark umher; der Vater saß teilnahmslos auf der Bank. Covey sprach den Mann an, warum er nichts unternehme, um seine Kinder zur Ruhe zu ermahnen. Der Vater entschuldigte sich und erklärte, dass er mit seinen Gedanken völlig weg war – gerade habe er erfahren, dass seine Frau unheilbar an Krebs erkrankt sei. Bestimmt wird es Ihnen ebenso wie Covey und mir ergehen: Schlagartig ändert sich die Beurteilung von „Der hat seine rücksichtslosen Kinder nicht im Griff" hin zu verständnisvoller Anteilnahme.

GEMs wechseln die Perspektive und ermitteln stets das Warum. Warum möchte ein anderer etwas durchsetzen? Warum verhält er sich genau so? Dazu fragen sie den anderen direkt oder – was manchmal besser und einfacher ist – ergründen sie für sich selbst, weshalb der andere wohl so (re-)agiert. Wird ein GEM in der Abteilungsbesprechung von einem Kollegen angeschnauzt („hast du Hirnblähungen, dein Vorschlag ist ja unterirdisch"), antwortet er nicht ebenso barsch, sondern hält inne und sucht mögliche Erklärungen: Hat er vielleicht gerade ein Kundenprojekt verloren oder hat er Zoff mit seiner Alten? Das würde sein Verhalten erklären. Jedenfalls nehmen GEMs eine solche Verhaltensweise nicht persönlich (worauf wir nochmals beim Geheimnis Nr. 37 eingehen werden).

Uns mangelt es einfach oft an Empathie. Wir halten unsere Perspektive für die einzig richtige. Muss sie aber nicht sein. In meinen Vorträgen verdeutliche ich das, indem ich die folgende Folie zeige und die Zuhörer frage, was sie sehen.

Zur Antwort erhalte ich dann meistens – wild durcheinander gerufen – eine „6" oder eine „9". Nur wenige Teilnehmer kommen auf die Idee zu sagen: „Tja, das kommt darauf an, ob man von links oder rechts drauf schaut." Da kann man nur mit Eugen Roth sagen:

> Ein Mensch sieht ein – und das ist wichtig: Nichts ist ganz falsch und nichts ganz richtig.

GEMs ist dieses Zitat geläufig und sie hinterfragen deshalb ihren Standpunkt. Insbesondere überlegen sie sich, wie sie sich in der Rolle des anderen wohl verhalten würden. Denn: Sobald Menschen in genau der Situation sind, über die sie sich zuvor – egal, wie lange das zurückliegt – echauffiert haben, dann verhalten sie sich keinen Deut anders. Mitarbeiter, die befördert werden, zeigen nach einer gewissen Zeit genau die Verhaltensweisen, die sie, als sie noch „normaler" Angestellter waren, heftigst kritisiert haben. Ein anderes Beispiel, das Sie vielleicht aus eigener Erfahrung kennen, wenn Sie Kinder haben: Erwischen Sie sich nicht selbst auch manchmal dabei, exakt das zu sagen und zu tun, worüber Sie sich als Kind bei Ihren Eltern aufgeregt haben? „Mit dem Essen spielt man nicht." Oder: „Du kriegst noch eckige Augen, wenn du dauernd vorm Bildschirm hockst." Oder: „Dein Zimmer sieht aus wie ein Saustall."

Wir haben so wenig Verständnis für andere. Doch, wenn wir selbst einmal in deren Position sind, dann ändern sich unsere Wahrnehmung und unser Verhalten schlagartig. Auf einmal ist es völlig normal, so zu fühlen/ zu reagieren. Im Klartext: Unser Denken und Handeln hängt maßgeblich von unserer Rolle beziehungsweise unserer Betrachtungsweise ab. Dadurch, dass wir jedoch in der Regel unsere Sicht für die alleinig richtige halten, kommt es zu Diskussionen, Streit und Konflikten – Faktoren, die unser Wohlbefinden maßgeblich beeinträchtigen und uns häufig den letzten Nerv rauben.

Eines ist mir noch wichtig zu erwähnen: Wenn Sie den Eindruck gewonnen haben sollten, GEMs würden stets der Meinung anderer folgen oder deren Argumenten immer zustimmen, dann trifft das nicht zu. Jedoch bemühen sie sich, den eigenen Standpunkt zu hinterfragen und zu überlegen, wie sich die Situation aus der Perspektive des Gegenübers darstellt. Indem sie dies tun, erkennen sie häufig, dass einem der andere gar nichts Böses will oder nicht absichtlich etwas macht, was ihnen nicht gefällt.

15

Gelassene Menschen bewerten nicht alles

Sie wissen ja schon, dass wir permanent in „Wahrnehmungsfallen" tappen – das heißt, wir erfassen nie sämtliche Details einer Situation. So läuft permanent in unserem Unterbewusstsein ein „automatisches Fehler-Screening" – wir richten unsere Aufmerksamkeit vor allem auf das, was nicht in Ordnung ist. In Vorzeiten hat uns dieser Mechanismus davor geschützt, von einem testosterongesteuerten Wollnashorn aus dem Hinterhalt angegriffen zu werden. Also eigentlich nicht dumm gedacht von der Natur. Doch das führt auch dazu, dass wir bei anderen (natürlich nie bei uns selbst) vorrangig das entdecken, was nicht okay ist, und dann ein dementsprechend negatives Urteil fällen. Doch dieses Urteil mag falsch oder unbegründet sein und zu Ärger, Zorn oder anderen schlechten Gefühlen führen. Dessen sind sich GEMs bewusst und hüten sich klugerweise vor Bewertungen und Interpretationen. Dies ist allerdings eine herkulische Aufgabe. Marshall Bertram Rosenberg, US-amerikanischer Psychologe und Begründer der „Gewaltfreien Kommunikation", schreibt (2010, S. 48):

> Für die meisten von uns ist es schwierig, Menschen und deren Verhalten in einer Weise zu beobachten, die frei ist von Verurteilung, Kritik oder anderen Formen der Analyse.

Der indische Philosoph Jiddu Krishnamurti (1895–1986) geht sogar noch weiter, wenn er sagt:

> Die höchste Form menschlicher Intelligenz ist die Fähigkeit zu beobachten, ohne zu bewerten.

Kaum verwunderlich ist es folglich, dass die Gabe, anderen vorurteilsfrei zu begegnen, genauso häufig anzutreffen ist wie ein kompetenter Verkäufer im Elektronikladen. Nicht einmal Engel sind davor gefeit, wie die folgende Anekdote belegt:

> Zwei reisende Engel machten halt, um die Nacht im Hause einer wohlhabenden Familie zu verbringen. Die Familie war unhöflich und verweigerte den Engeln, sich im Gästezimmer des Haupthauses auszuruhen. Stattdessen bekamen sie einen kleinen Platz im kalten Keller. Als sie sich auf dem harten Boden ausstreckten, sah der ältere Engel ein Loch in der Wand und reparierte es. Als der jüngere Engel fragte, warum, antwortete der ältere Engel: „Die Dinge sind nicht immer das, was sie zu sein scheinen."
>
> In der nächsten Nacht rasteten die beiden im Haus eines sehr armen, aber gastfreundlichen Bauern und seiner Frau. Nachdem sie das wenige Essen, das sie hatten, mit ihnen geteilt hatten, ließen sie die Engel in ihrem Bett schlafen, wo sie gut schliefen. Als die Sonne am nächsten Tag den Himmel erklomm, fanden die Engel den Bauern

15 Gelassene Menschen bewerten nicht alles

und seine Frau in Tränen. Ihre einzige Kuh, deren Milch ihr einziges Einkommen gewesen war, lag tot auf dem Feld.

Der jüngere Engel wurde wütend und fragte den älteren Engel, wie er das habe geschehen lassen können. „Der erste Mann hatte alles, trotzdem halfst du ihm", meinte er anklagend. „Die zweite Familie hatte wenig, und du ließt die Kuh sterben." „Die Dinge sind nicht immer das, was sie zu sein scheinen", sagte der ältere Engel. „Als wir im kalten Keller des Haupthauses ruhten, bemerkte ich, dass Gold in diesem Loch in der Wand steckte. Weil der Eigentümer so von Gier besessen war und sein glückliches Schicksal nicht teilen wollte, versiegelte ich die Wand, sodass er es nicht finden konnte. Als wir dann in der letzten Nacht im Bett des Bauern schliefen, kam der Engel des Todes, um seine Frau zu holen. Ich gab ihm die Kuh anstatt dessen. Die Dinge sind nicht immer das, was sie zu sein scheinen."

Ist ja gut – der Punkt ist verstanden. Dennoch fällt es uns oft so schwer, unser Urteil zurückzuhalten. Wir werden ja auch permanent dazu aufgefordert. Ob auf Amazon oder Holidaycheck oder Kununu – überall werden wir gebeten, Sterne zu verteilen. Ob Stabmixer, Sexpuppen oder Stromanbieter: Nichts bleibt ohne Rating. Das Internet – ein Bewertungswahnsinn; das Leben – ein einziges Assessment-Center. Unsere Urlaubsplanung orientiert sich inzwischen vor allem an den Webkritiken wildfremder Leute, die als Alles-ist-so-wunderbar-und-super-toll-Spastis oder als Oberlehrer-hier-ist-der-Bacon-beim-Frühstück-nicht-kross-genug-Nörgler irgendwie echt einen an der Waffel haben und zweifelsfrei nicht repräsentativ sind. Aus diesem Grund buchen GEMs ihre Urlaube, ohne auch nur ein einziges Mal auf irgendwelchen Bewertungsportalen recherchiert zu haben. Und: Sie geben auch nie auf irgendeiner Website ihren

Kommentar ab, außer natürlich bei Internetbuchhändlern, wo sie dieses Buch erstanden haben. Dort vergeben sie die Höchstpunktzahl.

Abgesehen davon halten sich GEMs mit (Vor-)Urteilen zurück und erliegen deshalb auch nicht der Gefahr, das Verhalten anderer fehlzuinterpretieren. Sie sehen keine Muster, wo gar keine sind. Wundervoll kommt dies in der „Geschichte mit dem Hammer" zum Ausdruck, die Paul Watzlawick in seiner „Anleitung zum Unglücklichsein" (1984, S. 37 f.) erzählt:

> Ein Mann will ein Bild aufhängen. Den Nagel hat er, nicht aber den Hammer. Der Nachbar hat einen. Also beschließt unser Mann, hinüberzugehen und ihn auszuborgen. Doch da kommt ihm ein Zweifel: Was, wenn der Nachbar mir den Hammer nicht leihen will? Gestern schon grüßte er mich nur so flüchtig. Vielleicht war er in Eile. Vielleicht hat er die Eile nur vorgeschützt, und er hat was gegen mich. Und was? Ich habe ihm nichts getan; der bildet sich da etwas ein. Wenn jemand von mir ein Werkzeug borgen wollte, ich gäbe es ihm sofort. Und warum er nicht? Wie kann man einem Mitmenschen einen so einfachen Gefallen abschlagen? Leute wie dieser Kerl vergiften einem das Leben. Und dann bildet er sich noch ein, ich sei auf ihn angewiesen. Bloß weil er einen Hammer hat. Jetzt reicht´s mir wirklich. – Und so stürmt er hinüber, läutet, der Nachbar öffnet, doch bevor er „Guten Tag" sagen kann, schreit ihn unser Mann an: „Behalten Sie Ihren Hammer, Sie Rüpel."

Wie schaffen es GEMs, nicht bewertend durchs Leben zu laufen? Sie wenden einen einfachen Trick an – sie stellen sich vor, dass alle Menschen Gedankenleser wären. Wann immer sie sich bei einem abfälligen Gedanken („wie die angezogen ist", „boah, ist der hässlich", „wie kann man sein Kind nur so behandeln", „die hat's aber nötig",

15 Gelassene Menschen bewerten nicht alles

„uii, die ist ja dumm wie Sperrholz" usw.) ertappen, malen sie sich aus, dass der Betroffene telepathische Fähigkeiten hat und versteht, was sie gerade über ihn/sie denken. Und das will man ja nicht unbedingt, insbesondere wenn es sich dabei um jemanden handelt, dem man ansieht, dass seine/ihre Laune ausreicht, damit zwölf Teenager vier Jahre lang davon pubertieren könnten. Durch den „Gedankenleser-Trick" werden GEMs quasi automatisch zu einem respektvollen Denken gezwungen. Mal abgesehen davon: Was gibt mir das Recht zu urteilen, wenn ich mein Gegenüber – das haben ja die beiden vorherigen Geheimnisse gezeigt – so gut wie gar nicht kenne? Wie kann ich mir anmaßen, einen anderen zu bewerten, wenn mir seine Lebenssituation und alles, was ihn geprägt hat, nicht bekannt sind? Wenn GEMs dann vielleicht doch einmal jemanden beurteilen, erinnern sie sich an einen indianischen Ratschlag:

> Urteile nie über einen anderen, bevor du nicht einen Mond lang in seinen Mokassins gegangen bist.

Außerdem sind sich GEMs darüber im Klaren, dass sie selbst nicht vollkommen sind. Oder haben Sie etwa die Prüfung zum „Richter in allen Lebenslagen" erfolgreich bestanden und können sich aufgrund dieser Legitimation das Recht herausnehmen, stets über andere zu urteilen? Und noch etwas: Ist Ihr Verhalten immer einwandfrei? Könnten Sie als Vorbild dienen? Sind Sie die fleischgewordene Unschuld?

16

Gelassene Menschen lügen nicht

Bis zu 200-mal am Tag lügt jeder Mensch; abends häufiger als morgens; Männer häufiger als Frauen (vgl. Gerlach, P. et al. 2019). Das haben Forscher herausgefunden. Wenn Lügen tatsächlich kurze Beine haben, müssten wir alle also mit unserem Hintern laufen. Sie zweifeln, dass jeder von uns lügt? Sie nämlich nicht! Wenn Sie jetzt behaupten, dass Sie nie schwindeln, dann wollen Sie mir bitte nicht ernsthaft sagen, dass Sie immer „Ich habe die Nutzungsbedingungen gelesen" angeklickt haben. Und Ihren Kindern haben Sie niemals etwas vom Weihnachtsmann, der Zahnfee und Osterhasen erzählt? Sehen Sie! Ich lüge ja auch. Mehrfach am Tag, wenn mich die Kaffeemaschine fragt „Milchbehälter entnommen?", dann drücke ich auf „Ja", obwohl ich es nicht getan habe. Bin ich jetzt ein schlechter Mensch oder ein Rebell? Bin ich moralisch vielleicht gar nicht legitimiert, dieses Buch zu schreiben? Sehen Sie es mir bitte nach.

Gleichwohl gibt es viele (gute) Gründe zu lügen. Mit der wichtigste davon: den anderen nicht zu verletzen: „Und, wie hat dir mein nordvietnamesischer Soja-Ingwer-Sprossen-Eintopf geschmeckt?" „Es war das Leckerste, was ich jemals gegessen habe." (Zwei Minuten später erhebst du dich vom Tisch und würgst die Pampe im Klo wieder raus.) „Wow! In dem Anzug siehst du aus wie Daniel Craig in Casino Royale." (In Wirklichkeit erinnert er dich an Peter Altmaier bei einem Wahlkampfauftritt in Königs Wusterhausen). „Hättest du Lust, meine Eltern am Sonntag zu besuchen?" – „Oh ja, super Idee. Sehr, sehr gern. Aber warte – mir fällt gerade ein, dass ich mich da mit Marcus zum Tennis spielen verabredet habe, echt schade." (Hoffentlich erwischen Sie Marcus gleich auf dem Handy, um ihm zu sagen, dass Sie Zwei am Sonntag auf dem Platz stehen werden, und zwar egal, was er vorhat).

Natürlich werden Lügen nicht nur verwendet, um anderen ein gutes Gefühl zu verschaffen, sondern auch, um Fehler/Versäumnisse zu verbergen. Da gab es zum Beispiel mal einen bayerischen Adeligen, der es in der Bundespolitik zu etwas bringen wollte, aber dann dummerweise über seine eigene Doktorarbeit gestolpert ist: „Der Vorwurf, ich habe abgeschrieben, ist abstrus." Ganz so abstrus waren die Anschuldigungen dann wohl doch nicht, denn zwei Wochen später erfolgte sein Rücktritt. Nicht nur auf der großen Politikbühne werden Fantasiestücke gespielt, auch im niederen Alltag. „Ist das etwa Lippenstift an deinem Hemdkragen?" – „Nö, das ist Motoröl, ich musste auf dem Heimweg nach der Zylinderkopfdichtung schauen." (Tatsächlich haben Sie aber nicht im Motorraum rumgefummelt, sondern an Ihrer Kollegin aus dem Marketing.) „Hast du den letzten Keks gegessen?" – „Nö, das müssen die Kinder gewesen sein." (Mit Müh und Not gelingt es Ihnen eben noch unbemerkt, einen Krümel aus dem Bart zu wischen.)

Schließlich lügen wir, um uns selbst besser dastehen zu lassen. Wer kennt nicht einen selbst erklärten Latin Lover, der sich stolz mit seinen unzähligen Frauenabenteuern brüstet, in Wirklichkeit jedoch jeden Abend allein mit seinem Kuschelteddy zu Bette geht. Oder der knallharte Typ, der von sich behauptet, er esse keinen Honig. Weil er viel lieber Bienen kaut. Besonders häufig anzutreffen sind solche Übertreibungen im Internet. Gnadenlos wird da auf Flirt- und Kuppelportalen geflunkert. Schnell verliert das eigene Körpergewicht schon mal 14 Kilo und gewinnt die Körpergröße fünf Zentimeter.

Bleiben wir online. Nirgends wird mehr gelogen als bei Instagram und Facebook. Den „Freunden" soll suggeriert werden, was für ein tolles Leben man doch führt. Im Urlaub werden jeden Tag 63 Bilder aus dem wildromantischen und noch so unverfälschten Myanmar gepostet. Unerwähnt bleiben die Luftfeuchtigkeit von 386 %, die gnadenlos überfüllten Überlandbusse und die hyperaggressiven Moskitos, die einen allnächtlich peinigen. In den Social Media kann man sogar mit einem Klick lügen. Da klickst du auf „Gefällt mir", obwohl dich das Bild von der dreijährigen, grenzdebil in die Kamera winkenden Tochter deiner besten Freundin eher an die Spendenaktion eines Vereins für verhaltensauffällige Kinder denken lässt.

Aber was soll denn am Lügen so verwerflich sein? Schauen Sie doch mal nur ins Tierreich! Die Hummel täuscht vor, eine Biene zu sein, oder das Chamäleon spielt anderen vor, es wäre ein Blatt. Besonders ausgebufft ist Chiloglottis trapeziformis, eine australische Orchidee, die tut so, als seien ihre Blüten weibliche Insekten. Glühwürmchen sind nicht minder raffiniert. Manche männlichen Vertreter imitieren die Leuchtmuster der Weibchen einer anderen Art. Viele Jungs fallen darauf herein und werden dann auf andere Weise vernascht, als sie sich das vorgestellt hatten. Blöd gelaufen. So einen Fehler machst du als Glühwürmchen nur einmal.

Wenn schon Tiere so dreist sind, dann dürfen wir das erst recht sein. Klar, so kann man zwar argumentieren, jedoch muss man auch erkennen, das Lügen ein echter Gelassenheitskiller ist. Denn: Der Hauptgrund fürs Lügen ist nicht Angeberei oder Rücksichtnahme, sondern Angst. Wir lügen und schwindeln, wenn wir uns unsicher fühlen, kein Selbstbewusstsein haben oder uns selbst beruhigen müssen. Dabei machen wir sowohl anderen Menschen etwas vor als uns selbst. GEMs haben erkannt, dass man mit Lügen den eigentlichen Problemen nur ausweicht, was auf Dauer ziemlich viel Kraft kostet. Um sich situationsabhängig zwischen Ehrlichsein und Lügen zu entscheiden, müssen wir eine Vorstellung von den Erwartungen des anderen haben. Wir müssen also erst überlegen, was hier wohl die gewünschte/erhoffte Reaktion ist. Das kann ebenfalls ganz schön anstrengend sein.

Wenn wir schummeln, schwindeln und täuschen, dann müssen wir immer befürchten, dass unsere Unaufrichtigkeit entdeckt wird. Das bereitet uns permanent Sorgen und macht uns Angst. Dies vermeiden GEMs, indem sie konsequent ehrlich sind. Nicht immer ist das vorteilhaft. Allerdings nur kurzfristig, denn langfristig hilft ihnen ein solch wahrheitsgemäßes Verhalten. Wer ehrlich sagt, dass der nordvietnamesische Soja-Ingwer-Sprossen-Eintopf wie gekochte Joggingschuhe schmeckt, wird voraussichtlich an diesem Abend keinen Sex haben. Er wird aber auch dieses Gericht nie mehr vorgesetzt bekommen, was zweifelsfrei der Fall gewesen wäre, hätte man die Speise in höchsten Tönen gelobt.

16 Gelassene Menschen lügen nicht

Außerdem hat es einen großen Vorteil, die Wahrheit zu sagen: Man braucht kein so gutes Gedächtnis, man muss sich nicht merken, welche Lügengeschichte man erzählt hat. Wer etwa beim zweiten Mal, wenn besagter Eintopf kredenzt wird, offen zugibt, dass er nicht ganz so gut mundet, wird sich anhören müssen: „Aber letztes Mal hat er dir doch so gut geschmeckt." Tja, dann ist man schnell wieder gezwungen, sich eine Lüge einfallen zu lassen: „Hm, vielleicht hast du dieses Mal zu viel Koriander reingetan." „Okay, dann werde ich nächstes Mal weniger nehmen." Guten Appetit!

17

Gelassene Menschen sagen nicht alles, was sie denken

In der Kinder- und Jugendpsychiatrie spricht man von selektivem Mutismus, wenn Heranwachsende nur mit bestimmten Personen sprechen oder öfter schweigen. In gewisser Hinsicht sind GEMs von dieser Krankheit betroffen, allerdings mit sehr positiven Folgen. Inwiefern? Im Spannungsfeld zwischen Wahrheit und Höflichkeit sind viele Sprengminen versteckt. Schnell treten Sie da auf eine. „Schatz, findest du mich zu dick?" Egal, was man da als Mann sagt, man kann nur verlieren. Peng! Lügen wäre da eine Alternative, um unbeschadet aus einer solch heiklen oder ähnlichen Situation zu kommen. Aber das tun GEMs ja nicht, wie Sie gerade gelesen haben. Deshalb wenden sie eine kluge Strategie an: Sie sagen einfach nichts.

Das erspart ihnen manchen Ärger, nicht nur in der Partnerschaft, sondern in allen Lebensbereichen. Denn: Die meisten Menschen vertragen keine ehrlichen Worte.

Ist ein anderer, insbesondere geschätzter, Mensch nicht der gleichen Auffassung wie sie oder findet er das, was sie getan haben, nicht ebenso bewundernswürdig, sind sie sofort beleidigt oder verletzt. Was also tun, wenn man nicht lügen will? Sich an einen Rat des französischen Philosophen und Schriftstellers Voltaire (1694–1778) halten:

> Alles, was man sagt, sollte wahr sein, aber nicht alles, was wahr ist, sollte man sagen.

Okay, manchmal muss oder möchte auch ein GEM seine Meinung kundtun, entweder, weil es ihm selbst wichtig ist oder weil er explizit gebeten wird, sich zu äußern. Dann sind GEMs ehrlich, denken erst, bevor sie reden, und geben sich größte Mühe, ihre Aussage nett zu verpacken. Denn: Es kommt nämlich nicht nur darauf an, was gesagt wird, sondern auch ganz entscheidend auf das Wie! „Wie mir deine neue Frisur gefällt? Echt scheiße! Du siehst aus wie eine Mischung aus Ursula von der Leyen und einem Afghanischen Windhund." So was geht natürlich nicht. Der GEM würde das eher so formulieren: „Wie mir deine neue Frisur gefällt? Damit hast du viel Mut bewiesen – ein kreativer Schnitt, der deine Individualität betont."

Doch nicht nur, um sich selbst zu schützen und andere nicht zu verletzen, schweigen GEMs, sondern aus einigen anderen guten Gründen. So halten sie auch ihre Klappe, wenn sie an anderen etwas nicht gut finden; sie kritisieren ihre Mitmenschen nicht, halten ihnen nicht ihre Schwachpunkte vor und machen sich auch nicht über sie lustig. Betritt ein GEM die Wohnung eines Freundes und bekommt stolz die neue, monströse Eck-Kunstleder-Sitzkombination in Kackbraun gezeigt, beißt er sich lieber auf die Zunge, als diesen Geschmacksunfall mit klaren Worten als solchen zu bezeichnen. Er heuchelt auch nicht Begeisterung vor – er lügt ja nicht, wie Sie im vorherigen Geheimnis gelesen haben –, er wird sich jedoch Mühe geben, eine positive Eigenschaft zu finden: „Passt prima zu eurer altdeutschen Eiche-Schrankwand."

GEMs wissen, dass keiner von uns heilig ist, erst recht nicht sie selbst, und verzichten daher auf Zurechtweisungen, Ermahnungen und Maßregelungen. Sie verderben Beziehungen nicht durch permanentes Herummosern und Nörgeln: „Du fährst zu schnell", „Du isst zu hastig", „Du hast vergessen, den Klodeckel runterzuklappen" oder „Du machst zu wenig Sport" – solche Äußerungen behalten GEMs für sich, weil sie dadurch den Betroffenen wie ein kleines Kind behandeln und ihn bewerten würden. Damit haben wir uns gerade vorhin beim Geheimnis Nr. 15 beschäftigt. Also: Auch wenn GEMs manches Verhalten oder manche Angewohnheiten ihrer Mitmenschen nicht gutheißen, so bleiben sie dennoch stumm, da ihnen klar ist, dass sie durch Nörgelei das Verhältnis nur belasten würden. Lieber füllen sie ihr Beziehungskonto, indem sie den anderen nicht kritisieren oder schlechtmachen.

Aus dem gleichen Grund erteilen GEMs keine unerbetenen Ratschläge. Denn: Ratschläge sind auch Schläge. Sie signalisieren dem anderen stets, dass er nicht gut ist beziehungsweise wir uns als klüger, erfahrener oder geschickter empfinden. Gerade Männer sind darin Spezialisten! Viele haben nicht gerafft, dass Frauen ganz häufig Dinge nur um des Erzählens willen mitteilen, nicht jedoch, weil sie von ihrem männlichen Gegenüber erfahren möchten, was sie zu tun haben. Wenn Ihnen (als Mann) Ihr Schatz von der intriganten Kollegin berichtet, die ihr das Leben zur Hölle macht, dann sind Sie gut beraten, sie nur reden zu lassen und gelegentlich teilnahmsvoll zu nicken. Das reicht völlig. Falsch wäre es, sofort einen 7-Punkte-Plan zu präsentieren, wie sie die Kollegin loswird.

Wenn GEMs nicht alles sagen, was sie denken, keine Kritik äußern und auch keine Ratschläge erteilen, dann ist damit gemeint, dass sie ihre Meinung für sich behalten, wenn es um unwesentliche Dinge geht. Allerdings sprechen sie sich entschieden gegen Ungerechtigkeit aus oder wenn sie (massiv) benachteiligt werden – darum geht es gleich beim nächsten Geheimnis. Zuvor wollen wir jedoch noch einen anderen Grund betrachten, warum es lohnend sein kann, sich mitunter auf die Zunge zu beißen.

Sicherlich kennen Sie das: Wegen irgendeiner belanglosen Sache zanken Sie sich mit Ihrem Partner, zum Beispiel über seine Angewohnheit, nie den Zahnpastatubendeckel zuzuschrauben. Während es anfangs nur um das Thema Ordnung im Bad geht, wird schnell daraus ein lautstarker Streit, bei dem Sie schließlich die Selbstbeherrschung verlieren und Dinge sagen, die Ihnen im Normalzustand nie über die Lippen kommen würden. Später bereuen Sie das dann. Gerade in solchen Situationen reagieren GEMs anders. Wenn sie vor Wut kochen – was gelegentlich auch bei ihnen vorkommt – dann halten sie ihre Zunge im Zaum und teilen sich erst dann mit, wenn sie sich wieder abgekühlt haben.

Ein letztes Argument, das dafür spricht, öfter mal die Lippen geschlossen zu halten: Wer stets seine Meinung hinausposaunt, gilt schnell als arrogant, besserwisserisch und egozentrisch. Insbesondere für alle Dummquatscher in unseren Firmen: Man muss nicht zu allem seinen Senf dazugeben. Dadurch verschafft man sich nicht, wie man vielleicht denkt, Ansehen und Ruhm, sondern eher das Gegenteil: Abneigung und Unmut. Mit Dieter Nuhr gesprochen:

17 Gelassene Menschen sagen nicht ...

Einfach mal die Klappe halten, wenn man keine Ahnung hat.

Leider hält sich kaum jemand an diesen Hinweis. Das ist heute nicht anders als zu Albert Einsteins Zeiten, der seinerzeit erkannt hatte:

> Wenn die Menschen nur über das sprächen, was sie begreifen, dann würde es sehr still auf der Welt sein.

Auf den Punkt gebracht: GEMs sagen nicht alles, was sie denken, aber sie denken sich etwas bei allem, was sie sagen.

18

Gelassene Menschen lösen Konflikte konstruktiv

Was den einen am anderen stört oder auf die Palme bringt, lässt einen Dritten völlig kalt. Sicherlich haben Sie das schon selbst erfahren: Ein Kollege berichtet Ihnen über das unmögliche Verhalten von Frau Schlett. Sie können aber überhaupt nichts Schlimmes daran finden. Warum erleben wir die Welt so unterschiedlich? Weil wir alle unterschiedliche Persönlichkeiten mit verschiedensten Meinungen, Vorlieben, Interessen und Werten/Prinzipien sind. Zudem unterscheiden wir uns in charakterlicher Hinsicht. Der eine ist eben extrovertierter oder ordentlicher oder gutmütiger oder … als der andere. Hinzu kommt, dass uns Erfahrungen aus der Kindheit, (verdrängte) traumatische Erlebnisse und der Einfluss von Partnern, Familienmitgliedern, Freunden, Kollegen, Lehrern, den Fernsehsendungen und den Social-Media-Posts, die wir sehen, den Zeitungen, die wir lesen ... formen. Folglich ist es nur zu verständlich, wenn es zu Konflikten kommt, wenn wir im Alltag immer wieder mit anderen zusammenrauschen – weil eben unterschiedliche Persönlichkeiten aufeinandertreffen.

Wer nicht gerade streitlustig ist oder sein Geld als Abmahnanwalt verdient, liebt Konflikte wie nach Schweiß stinkende Sitznachbarn in der überfüllten morgendlichen U-Bahn. Doch auch wenn wir Konflikte alles andere als erfreulich finden, lassen sie sich nicht umgehen – ob zu Hause, in der Schule, an der Uni, im Büro oder im Verein: Streit mit unseren Mitmenschen ist alltäglich.

Allerdings haben Konflikte durchaus ihre positiven Seiten. Sie helfen uns, Schwierigkeiten zu erkennen und uns weiterzuentwickeln sowie Beziehungen zu vertiefen. Reinhard Sprenger (2020) spricht gar von der „Magie" des Konflikts. Ohne Auseinandersetzungen kommt keine zwischenmenschliche Beziehung aus, denn die Funktion eines Streits liegt auch darin, Dinge klarzulegen. Konflikte verbinden daher genauso wie sie trennen und können helfen, die Ursachen für Unzufriedenheit zu finden. Streit ist nämlich ein spannungsgeladener Zustand, bei dem man die Grenzen des normalen, angepassten, vernünftigen, überlegten Verhaltens verlässt und sich spontan öffnet. Man verliert einen Teil der Kontrolle über sein Verhalten und spricht Worte aus, die einem normalerweise nicht über die Lippen kommen. Insofern können Konflikte wie ein (reinigendes) Gewitter oder wie eine Flasche Wodka wirken.

Also, was jetzt? Sind Konflikte gut oder schlecht? Sie sind beides – es kommt weniger auf das Was als auf das Wie an. Ob Konflikte letztlich eine positive oder negative Wirkung haben, ob sie uns belasten oder ob sie eher eine erleichternde Wirkung haben, hängt davon ab, wie konstruktiv-fair die Kontrahenten miteinander umgehen. Genau das macht den Unterschied zwischen

18 Gelassene Menschen lösen Konflikte konstruktiv

uns Normalos und GEMs aus, die das kleine Einmaleins der Konfliktlösung beherrschen.

Bevor ich die Techniken verrate, die GEMs anwenden, will ich auf einen weiteren, wichtigen Aspekt von Auseinandersetzungen hinweisen. Diese führen nämlich nicht nur zu neuen Lösungen, sondern auch zu Selbsterkenntnis. Die „wahren" Konfliktursachen liegen nämlich eigentlich in uns und nicht in unserem Gegenüber. Friedrich Glasl, einer der führenden deutschsprachigen Konfliktforscher, drückt das so aus (2020, S. 38):

> In Konflikten wird oft etwas von dem inneren Ringen, das jemand mit seinem Licht und Schatten erlebt und nicht ganz bewältigt, nach außen verlagert: Wenn ich mir nicht eingestehen will, dass mich meine eigenen Schwächen ärgern, dann kann es unbemerkt geschehen, dass ich diese Schwächen desto deutlicher im Gegner sehe und heftig an ihm bekämpfe. Die Aggression gegen den Schatten des Feindes ist die nach außen geleitete Kraft, die eigentlich nach innen meinem eigenen Schatten gilt. Darum sind soziale Konflikte immer eine existenzielle Herausforderung an unser Selbstbild.

Da also das, was wir an anderen Menschen wahrnehmen und was uns an ihnen stört, sehr viel mit uns selbst zu tun hat (das hat übrigens wieder was mit dem „Resonanzgesetz" zu tun, über das wir schon sprachen), lässt sich jeder Konflikt dazu nutzen, etwas über sich selbst herauszufinden. Diese Selbstanalyse, der Versuch, mehr über sich und seine Persönlichkeit zu erfahren, kann uns ganz grundsätzlich zu einem gelasseneren Umgang mit unseren Mitmenschen verhelfen. Wie das? Das neu erlangte Wissen über uns selbst kann Grundlage für Veränderungen sein. Kurt Tepperwein (2013, S. 59) drückt das so schlicht wie treffend aus:

Wie wollen Sie andere lieben, wenn Sie sich selbst nicht mögen? Alles, was Sie an anderen kritisieren, ist schlussendlich Selbstkritik.

Damit zu den Konfliktlösungs-Geheimrezepten der GEMs. Diese besitzen zunächst einmal ein ziemlich dickes Fell, weil sie sich nicht so leicht reizen lassen. Nickligkeiten und kleinere Frechheiten überhören oder übersehen sie ganz bewusst – davon lassen sie sich nicht aus der Ruhe bringen. Sie reagieren nicht auf jeden Fehdehandschuh, den sie hingeworfen bekommen. Da bleiben sie einfach mal auf einem Ohr taub oder auf einem Auge blind – was kümmert's denn die Eiche, wenn sich die Wildsau daran juckt?

In einem ähnlichen Sinn besitzen GEMs die Weisheit und den Großmut, ihre Interessen nicht immer durchsetzen zu müssen. Insbesondere bei nichtigen, trivialen Streitpunkten geben sie gern klein bei. Nach dem Motto, willst du recht haben oder in Frieden leben, stimmen sie manchem Vorschlag zu, auch wenn sie vielleicht lieber etwas anderes gemacht hätten. Wenn sie abends Lust auf eine Pizza oder Pasta haben, der Partner jedoch unbedingt zum Chinesen gehen will, dann ist das für sie kein Anlass, stundenlang darüber zu diskutieren. Sie sagen einfach: „Ja, mein Schatz, wir gehen hin, wo auch immer du willst", und werden dafür höchst wahrscheinlich mit einer wundervollen Nacht belohnt.

Nun gut – natürlich gibt's auch einige Dinge, die GEMs nerven und die sie nicht einfach so akzeptieren können. In diesen Situationen wenden GEMs die einfachste aller Strategien an, die es gibt: Sie sprechen das an, was sie stört. Darüber werden Sie beim Geheimnis Nr. 38 mehr erfahren.

In selbst initiierten oder in sich ergebenden Konfliktgesprächen nutzen GEMs eine ganz simple Methode,

18 Gelassene Menschen lösen Konflikte konstruktiv

mit der sich nahezu jeder Streit sachlich und einvernehmlich beilegen lässt. Und Sie kennen diese Methode bereits – Sie haben sie bei Geheimnis Nr. 14 gelesen: die „Warum-Frage". Das wohl bekannteste Beispiel dafür liefert Roger Fisher in seinem Buch „Das Harvard-Konzept" (vgl. Fisher et al. 2009): Zwei Töchter streiten um die einzige vorhandene Orange. Die Mutter entscheidet so, wie wir es wohl alle machen würden: Sie teilt die Frucht in zwei Hälften. Doch keines der Kinder ist wirklich zufrieden. Weshalb? Hätte die Mutter gefragt: „Warum wollt ihr die Orange haben?", so hätte die eine Tochter vielleicht gesagt: „Ich möchte Orangensaft pressen." Und die andere hätte geantwortet: „Ich will einen Kuchen backen und benötige die Schale für das Aroma." Zugegebenermaßen ist dies ein idealtypisches Beispiel. Nicht alle Probleme im Leben sind Orangen. Manche sind auch Äpfel. Oder Schokolade. Dennoch ist es oft genug hilfreich, wenn man versucht, die Motive des anderen in Erfahrung zu bringen – so lösen GEMs ihre Konflikte.

Teil IV

Ich stehe nicht im Regen – ich dusche unter Wolken

19

Gelassene Menschen wollen optimistisch sein

Über Optimismus haben wir ja schon beim Geheimnis Nr. 2 gesprochen – dort hatte ich gesagt, dass Optimismus etwas mit der Beurteilung konkreter Situationen zu tun hat und immer das Positive in den Fokus stellt, während Zukunftsvertrauen eine Geisteshaltung, eine Sicht auf die Welt und das Leben im Allgemeinen darstellt. GEMs schaffen es einfach, in jedweder Lebenslage den Glauben an einen positiven Ausgang nicht zu verlieren oder ein scheinbar missliches Ereignis positiv zu deuten. Beim Pessimisten scheitern Beziehungen, beim Optimisten klappt das mit dem Single-Sein.

Natürlich ist es nicht so, dass Optimisten mit ihrer Zuversicht immer richtigliegen (ebenso wenig wie Pessimisten), aber zumindest leben sie glücklicher – und übrigens auch signifikant länger, wie eine groß angelegte Studie an der Boston University gezeigt hat (vgl. Lee et al. 2019). Vielleicht auch deshalb, weil sie sich nicht zu viele

Gedanken darüber machen, welche Konsequenzen ein Problem oder eine schwierige Situation haben könnten. Ihnen ist bewusst, dass wir in aller Regel die Folgen negativer Entwicklungen maßlos überschätzen. Auf gut Deutsch: Es kommt oft nicht so schlimm, wie wir annehmen; die meisten Dinge, über die wir uns Gedanken machen, treten ohnedies nicht ein. Und selbst, wenn sie tatsächlich wahr werden, stellen wir immer wieder verwundert fest: „Och, so schlimm war's ja dann doch nicht." Für die mathematisch Hochbegabten meiner Leser, das Ganze mal mit Zahlen: 90 % der Sachen, die uns beunruhigen, sind nur Hirngespinste. Das heißt, dass nur 10 % tatsächlich Anlass zur Sorge liefern. Bei diesen 10 % wiederum erkennen wir im Nachhinein, dass wir die Situation in 90 % der Fälle prima gemeistert haben und die Angelegenheit doch eher eine Lappalie war. Unter Zuhilfenahme eines Hochleistungscomputers lässt sich so errechnen, dass 99 % unserer Sorgen völlig umsonst sind. Das haben GEMs gerafft und gehen dementsprechend optimistisch durchs Leben.

Lassen Sie uns das mal anhand eines Beispiels festmachen. Wenn Sie – wie die Mehrheit der Menschen – zur Kategorie der Vor-dem-Zahnarzt-Angsthaber gehören, dann zögern Sie den Anruf in der Praxis, um einen Termin auszumachen, solange hinaus, wie es irgend möglich ist. Haben Sie dann Ihren Prophylaxe-Termin erhalten, quälen Sie sich die nächsten 14 Tage, bis es so weit ist, tagtäglich mit dem Gedanken, wie es sein wird, wenn Sie auf dem Stuhl liegen. Sie malen sich aus, wie der Zahnarzt entsetzt-erschrocken den Kopf schüttelt, nachdem er Ihnen in den Mund geschaut hat. Vor Ihrem geistigen Auge hören Sie ihn, wie er seiner Helferin zuraunt: „So ein verwahrlostes Gebiss habe ich schon lange nicht mehr gesehen. Hier müssen wir einen Rundumschlag machen. Bereiten Sie mir sieben Füllungen vor und legen Sie den ultrastarken Bohrer zurecht." Tja, und dann kommen Sie schlotternd und kalkeimerweiß an besagtem Tag zu Ihrem Dentisten. Würde Ihnen jemand jetzt, da Sie wie ein Häuflein Elend im Wartezimmer hocken, einen Tausch anbieten – statt den Gang in den Behandlungsraum anzutreten, müssten Sie sich sechs Wochen lang ununterbrochen Andrea-Berg-Schlager anhören –, Sie würden sofort einschlagen und noch Ihr ganzes Aktiendepot obendrauf legen. Aber: Keine Zauberfee ist da, um Ihnen einen solchen Händel vorzuschlagen, sodass Sie notgedrungen im Zahnarztstuhl Platz nehmen müssen. Und was sagt der Zahnklempner? „Alles prima – da gibt es heute nichts für mich zu tun. Aber vielleicht wollen Sie mal einen Blick in meinen Katalog mit IGEL-Leistungen werfen? So eine professionelle Zahnreinigung ist immer empfehlenswert."

Zumindest können wir Normalos uns auf eine wissenschaftliche Erkenntnis berufen, die der Nobelpreisträger Daniel Kahneman (2015, S. 371) uns liefert:

> Das Gehirn des Menschen und anderer Säugetiere enthält einen Mechanismus, der darauf ausgelegt ist, schlechten Nachrichten den Vorrang zu geben.

Diese sogenannte Negativitätsdominanz lässt uns vorsichtig und skeptisch durch die Welt gehen. Das ist prinzipiell auch gar nicht dumm – wer weiß, wie vielen nigerianischen Geschäftspartnern, die uns die Beteiligung an einer Millionenerbschaft versprochen haben, wir sonst schon vertraut hätten. Allerdings hat dieser Mechanismus auch einen Haken. Kahnemann (vgl. 2015, S. 383) erläutert, dass wir kleine Risiken überbewerten. Und so kommt es, dass wir nur allzu häufig Petitessen den Rang eines drohenden Weltuntergangs zuweisen und uns so völlig unnötig Sorgen machen.

GEMs haben das geschnallt und sich ein paar Tricks angeeignet, mit denen sie der Negativitätsdominanz ein Bein stellen. Vor allem vermeiden sie eine negative Selbstverbalisation. Sie widerstehen dem „Glückskeks-Prinzip". Die Weisheiten/Vorhersagen, welche die chinesischen Gebäckteilchen enthalten, scheinen oft deshalb zuzutreffen, weil sie unser Denken und Handeln unterbewusst beeinflussen. Die Psychologie nennt das „sich selbst erfüllende Prophezeiungen" (davon hatten wir ja schon die Rede). Diese funktionieren allerdings nicht nur in einem positiven Sinne, sondern leider auch in einem negativen. Dieser Zusammenhang ist vielfach nachgewiesen worden. Wer sich selbst einredet „Das schaffe ich nie", wird kaum Erfolg haben. Wer morgens beim Aufwachen zu sich sagt „Hoffentlich geht dieser besch*** Tag schnell vorbei", der wird mit hoher Wahrscheinlichkeit keinen unbeschwerten Tag verleben. GEMs durchbrechen den Teufelskreis aus negativen Gedanken und negativen Gefühlen, indem sie einen positiven inneren Dialog führen und sich selbst gut zureden: „Wenn ich mich anstrenge, dann gelingt es." Freilich muss es realistischerweise in ihrer Macht stehen, eine (negative) Situation auch bewältigen zu können.

GEMs haben noch eine ganz wichtige Lektion gelernt – sie wissen, dass unsere (negativen) Gedanken ein Hauptquell von Unzufriedenheit und Stress sind. William Shakespeare lässt seinen Hamlet schon vor Jahrhunderten erkennen:

> There is nothing either good or bad but thinking makes it so.

Will heißen: Eine Situation kann weder gut noch schlecht sein, sondern unsere Beurteilung macht sie erst dazu. GEMs identifizieren deshalb ihre Gedanken als Gedanken

19 Gelassene Menschen wollen optimistisch sein

und verwechseln sie nicht mit Gefühlen. Ellen Jane Langer (2014, S. 34), Professorin für Psychologie an der Harvard University, spricht es klar und deutlich aus:

> Das, was uns in Wirklichkeit stresst, ist unsere Art, alles um uns herum permanent negativ zu bewerten – und die Grundüberzeugung, dass man gewiss bald auf ein Problem stößt, das die eigenen Fähigkeiten übersteigt.

Auf den Punkt gebracht: GEMs sind nicht blauäugig oder gar naiv, wohl aber ist ihnen bewusst, dass wir uns viel zu oft unnötig Sorgen machen, und können sich dementsprechend optimistisch den Widrigkeiten des Alltags stellen.

20

Gelassene Menschen wollen freundlich sein

Wenn GEMs ein einziges Buch benennen müssten, das sie mit auf eine Marsexpedition nehmen dürften, dann wäre das mit hoher Wahrscheinlichkeit die nur 128 Seiten umfassende „Anleitung zum Unglücklichsein" von Paul Watzlawick. Ich habe ja bereits daraus zitiert und will dies nun abermals tun. Auf der letzten Seite dieses wunderbaren Werkes schreibt der Kommunikationswissenschaftler (1984, S. 128):

> Wie man in den Wald ruft, so schallt es heraus. Das hat man uns schon gesagt, als wir noch Kinder waren. Und in unserem Kopf wissen wir es auch; aber glauben tun es nur wenige Glückliche. Glaubten wir es nämlich, dann wüssten wir, dass wir nicht nur die Schöpfer unseres eigenen Unglücklichseins sind, sondern genauso gut unsere Glücklichkeit selbst erschaffen könnten.

Das ist also eines der wichtigsten Erfolgsrezepte von GEMs – andere so zu behandeln, wie man selbst gern behandelt werden möchte. Das hat nichts mit Altruismus oder Gutmenschentum zu tun, sondern dient letztlich der eigenen Sache.

Die konkrete Wirkungskette des Freundlichseins ist schnell beschrieben: Wenn ich freundlich bin, dann habe ich weniger Zoff mit anderen und habe ein harmonisches Umfeld – beides wichtige Faktoren, die Gelassenheit entstehen lassen. Man ist eben viel eher geneigt, etwas für einen anderen zu tun, seinen Standpunkt anzunehmen oder ihm zu helfen, wenn einem der andere sympathisch ist. Sympathie wiederum gründet maßgeblich auf der Art und Weise, wie wir mit unseren Mitmenschen umgehen, also wie freundlich wir sind. Professor John Anderson Kay (2011, S. 185) formuliert das folgendermaßen:

> Die Reaktionen anderer hängen nicht nur von dem ab, was wir tun, sondern auch von deren Auffassung, warum wir dies tun – und von deren Wahrnehmung, was für ein Typ Mensch wir sind.

Jetzt greifen wir mal ganz tief in die moralische Spruchkiste. Im konfuzianischen „Buch von Mitte und Maß" (3. Jahrhundert) heißt es:

> Was du von deinem Sohn erwartest, übe im Dienst am Vater; was du von deinen Untergebenen erwartest, übe im Dienst am Prinzen; was du vom jüngeren Bruder erwartest, übe am älteren Bruder; was du vom Freund erwartest, danach behandle diesen zuerst.

20 Gelassene Menschen wollen freundlich sein

Kürzer bringt das die „Goldene Regel" zum Ausdruck:

Was du nicht willst, dass man dir tu, das füg auch keinem anderen zu.

Dieser in allen Weltreligionen verankerte Grundsatz gilt nicht nur in negativer Hinsicht, sondern auch in positiver. Also: Das, was wir von anderen verlangen – nämlich freundlich, aufgeschlossen, anerkennend … uns gegenüber zu sein –, sollten wir selbst ebenso praktizieren. GEMs halten sich meistens an diese Empfehlung; sie nützen dadurch nicht nur dem anderen, sondern – wie gerade ausgeführt – auch sich selbst. Soziologen nennen dies das Reziprozitätsprinzip oder „Prinzip der Gegenseitigkeit". Was kompliziert klingt, ist einfach zu erklären. Wenn man uns etwas gibt, egal, ob es sich um etwas Materielles oder etwas Immaterielles (zum Beispiel, wenn uns die Chefin ein Lob ausspricht) handelt, dann haben normale Menschen das Bedürfnis, diese Gabe in ähnlicher Weise zu erwidern. Das kennen Sie doch bestimmt: Sie erhalten überraschenderweise von einer Kollegin ein Weihnachtsgeschenk (und sei es noch so hässlich, wie etwa eine Kaffeetasse mit infantilem Schafmotiv), haben aber selbst keines für sie. Statt sich zu freuen, überkommt einen dieses blöde Gefühl „Mist, ich habe nix für sie".

Spieltheoretiker bezeichnen das als „Tit-for-tat-Regel". Im Deutschen drücken wir das mit der Redewendung „Wie du mir, so ich dir" aus. Bildlich beschrieben: Freundlichkeit ist wie ein Bumerang. Selbiger kehrt (wenn er nicht gerade ein süßes Koalababy getroffen hat) immer wieder zu dem zurück, der ihn „weggeworfen" hat. So wird nun also ein Schuh daraus: Wenn ich freundlich bin, wenn ich anderen Anerkennung zeige, wenn ich mich bedanke, wenn ..., dann wird mein Gegenüber voraussichtlich entsprechend nett reagieren, was mich wiederum erfreut und mich etwas entspannter werden lässt.

Aus einem weiteren Grund verhilft uns freundliches Verhalten zu mehr Freude im Leben. Man fühlt sich einfach gut, wenn man anderen etwas Gutes getan hat. Dafür gibt es verschiedenste Erklärungen. Psychologen führen Belohnungstheorien an, Gehirnforscher die sogenannten „Spiegelneuronen" und Sozialwissenschaftler sowie Ethnologen die evolutorische Notwendigkeit von Kooperation. Anders formuliert: Helfen tut auch dem Helfenden gut.

Trotz all der positiven Auswirkungen des Freundlichseins verwechseln GEMs Nettigkeit nicht mit Naivität. Ausnutzen lassen sie sich nicht und zum selbstlosen Samariter mutieren sie ebenfalls nicht. Das bringt uns zur spannenden Frage: Was bedeutet Freundlichkeit eigentlich? Ohne eine philosophisch-moralische Erörterung zu beginnen, lässt sich Freundlichkeit als höflichen, fairen und zuvorkommenden Umgang mit unseren Mitmenschen definieren. Letztlich heißt das nichts anderes, als dass man seinem Herzen und seiner Kinderstube folgt.

Freundlichsein kann sich in Kleinigkeiten äußern, wie etwa: dem Nachbarn dabei helfen, die Getränkekisten in den fünften Stock zu schleppen, dem Briefträger ein Lächeln schenken, dem Kollegen unaufgefordert einen Kaffee mitbringen oder der Abteilung, einfach mal so, eine Packung Gummibärchen spendieren. Doch natürlich ist GEMs klar, dass mehr erforderlich ist, als alle paar Wochen eine Tüte Goldbären in der Teeküche zu deponieren, um wahrhaft freundlich zu sein. Wer sich seiner Familie, seinen Kollegen, Nachbarn und Freunden gegenüber in der Regel wie ein emotionaler Autist verhält, wird auch mit einer Familienpackung Colorado nicht bewirken, dass man ihn für eine Reinkarnation Gandhis hält. Worauf es letztlich ankommt: Nicht wie ein Gefühlsbulldozer durch die Welt zu walzen und auf andere ein wenig Rücksicht zu nehmen – damit wäre schon viel erreicht.

21

Gelassene Menschen wollen dankbar sein

Dankbar sein – was sich anhört wie eine Tugend aus Omas Zeiten, ist in Wirklichkeit eine höchst aktuelle Empfehlung für all jene, die sich mehr Gelassenheit wünschen. Dabei gilt es zweierlei zu unterscheiden: Dankbarkeit im Verhalten anderen gegenüber und Dankbarkeit für das, was man hat oder was einem widerfährt. Beide Spielarten der Dankbarkeit verhelfen zu mehr Gelassenheit, weil sie zu besseren/entspannteren Beziehungen zu anderen Menschen wie auch zu einer positiveren Lebenseinstellung führen. Dankbarkeit ist der Gegenspieler negativer Gedanken.

Fangen wir mit der Dankbarkeit anderen gegenüber an. Ein vertrautes Konzept begegnet uns hier wieder: Das im vorherigen Geheimnis erwähnte Reziprozitätsprinzip oder „Prinzip der Gegenseitigkeit" – andere behandeln mich meist so, wie ich sie behandle. Nun muss ich ganz kurz ausholen: Sehr viele Menschen führen als Grund für ihre Lebensunzufriedenheit an, dass sie zu wenig Dank, Anerkennung und Wertschätzung erfahren. Gerade dieser Mangel an Lob, dieses Gefühl, überhaupt nicht wahrgenommen zu werden, macht sie unentspannt und lässt sie traurig durch die Welt stapfen. Menschen haben ein Grundbedürfnis nach Anerkennung; Anerkennung ist so wichtig wie Essen und Trinken. Christiane-Maria Drühe, promovierte Psychologin und Jobcoach, bringt es in einem Interview (zitiert nach Bruckner 2014) auf den Punkt:

> Wer nie gelobt wird, dessen Selbstbewusstsein und Selbstwertgefühl leiden irgendwann. Man darf das menschliche Bedürfnis nach sozialer Anerkennung nicht unterschätzen. Viele Arbeitnehmer setzen verwehrte professionelle Bestätigung mit persönlicher Zurückweisung gleich – sie fühlen sich vom Chef nicht gemocht.

Dies gilt nicht nur für den Arbeitsplatz, sondern in allen Lebensbereichen. Doch mal Hand aufs Herz: Wie oft sprechen wir anderen unseren Dank aus? Wie oft handeln wir selbst (ob bewusst oder unbewusst) nach dem Grundsatz „Nix gesagt, ist gelobt genug"? Wie oft kritisieren wir unseren Partner, unsere Kinder, unsere Kollegen mehr, als dass wir sie loben? Aha! Der Groschen ist gefallen, oder? Wenn ich für mich mehr Anerkennung und Dank möchte, dann sollte ich es vielleicht mal damit versuchen, das selbst im Umgang mit anderen zu praktizieren. Genau dies tun GEMs. Dabei geht es weder um eine maskenhafte Freundlichkeit noch um schmeichlerisches Lob oder ein gönnerhaftes „Gut gemacht!", sondern ein aufmerksam-höfliches Verhalten und sachlich-schlichte Feststellungen.

GEMs wenden eine ganz einfache Formulierung an, um mehr Dankbarkeit zu zeigen – sie sagen öfter „Danke, dass du/Sie …". Sie bedanken sich für eine konkrete

21 Gelassene Menschen wollen dankbar sein

Tat oder ein bestimmtes Verhalten, ohne dafür eine blumenreiche Sprache zu verwenden. Der GEM-Chef sagt zu seiner Assistentin: „Danke, dass Sie den Brief noch rechtzeitig fertig geschrieben haben." Der GEM-Mitarbeiter spricht zum Kollegen: „Danke, dass du in der Besprechung meinen Standpunkt mit vertreten hast." Und der GEM-Ehemann flüstert seiner Frau zu: „Danke, dass du heute nicht wieder Romanesco-Pfanne mit Fregola, sondern Rouladen gekocht hast." Je häufiger GEMs ihrer Dankbarkeit auf diese Weise Ausdruck verleihen, desto öfter erhalten sie von ihrem Umfeld anerkennende Worte zurück.

Damit zum zweiten Aspekt der Dankbarkeit – jener gegenüber dem, was man hat oder was einem widerfährt. GEMs sind darin wahre Meister. Selbst auf der Toilette empfinden sie Dankbarkeit: „Oh – ein vierblättriges Klopapierblatt! Was hab ich für ein Glück!" GEMs haben einfach einen Blick für die vielen, oft nur kleinen, Dinge, die in ihrem Leben gut laufen – Dinge, die von uns angespannten Zeitgenossen nur zu gern übersehen werden. Wir sind nämlich oft deshalb nicht gelassen, weil wir unsere Aufmerksamkeit auf das konzentrieren, was nicht gut läuft, dabei aber übersehen, was okay oder sogar gut ist: „Jetzt ist mir bei meiner Essenseinladung der Nachtisch misslungen" – dass die anderen vier Gänge super geschmeckt haben, blenden wir völlig aus.

Warum sehen wir so häufig nur das Negative? Nun, das hat zum einen mit der Negativitätsdominanz zu tun, über die Sie schon gelesen haben, und zum anderen mit dem ebenfalls bereits bekannten Aufmerksamkeits-Illusions-Paradoxon. Zur Erinnerung: Dieses besagt mit einfachen Worten: Wir sehen nur das, worauf wir unsere Aufmerksamkeit konzentrieren, und blenden dabei alle anderen Informationen aus. Wenn wir unseren Fokus auf das richten, was negativ ist, was nicht läuft und was uns im Leben stört, werden wir es höchstwahrscheinlich auch finden, übersehen dabei aber alles, was positiv ist. Mit meinen Studenten mache ich gern folgende Übung: Ich bitte die Teilnehmer, sich im Hörsaal genau umzusehen und sich alles zu merken, was rot ist. Nach einer Minute fordere ich die Zuhörer auf, die Augen zu schließen und alle rotfarbenen Dinge zu nennen, die sie entdeckt haben. Eine erstaunliche Anzahl von Objekten wird dann in aller Regel genannt. Anschließend frage ich: „Und was haben Sie gesehen, was grün war?" Wenig überraschend werden nun wesentlich weniger grüne Sachen aufgezählt, auch wenn mindestens so viele davon vorhanden waren. Die zentrale Erkenntnis: Worauf auch immer man sich fokussiert – man wird es finden! Wer nach Aspekten Ausschau hält, die kacke laufen, bekommt sie frei Haus geliefert. Wer sich auf das konzentriert, wofür er dankbar ist und was okay in seinem Leben ist, wird es ebenfalls finden und auf diese Weise deutlich gelassener. GEMs richten ihr Augenmerk daher auf all jenes, wofür sie Grund haben, dankbar zu sein, und wenn es sich dabei um Banalitäten handelt.

22

Gelassene Menschen wollen tolerant sein

Vielleicht erinnern Sie sich, auch wenn es schon ein paar Jahre her ist: Anlässlich der Fußball-Europameisterschaft 2016 hatte der Süßwarenkonzern Ferrero eine Sonderausgabe der Kinderschokolade aufgelegt. Die Verpackungen zierten Kinderbilder der Nationalspieler, darunter Ilkay Gündogan, dessen Eltern aus der Türkei stammen, und Jérôme Boateng, der ghanaische Wurzeln hat. Diese Werbeaktion war der Facebook-Gruppe „Pegida BW – Bodensee" offenbar des Guten zu viel: „Vor nichts wird haltgemacht. Gibts die echt so zu kaufen oder ist das ein Scherz?"[1], war da im Internet zu lesen. Hmmm, wirklich tolerant ist das eher nicht. Online wie offline begegnen uns tagtäglich Menschen, deren Verständnis von Toleranz – sagen wir es mal höflich – recht limitiert ist: Was nicht

---

[1] http://www.spiegel.de/panorama/gesellschaft/pegida-anhaenger-hetzen-gegen-nationalspieler-auf-kinderschokolade-a-1093985.html

meinen Vorstellungen entspricht, was sich nicht mit meinem Weltbild deckt, das lehne ich ab. GEMs sind da das genaue Gegenteil: Sie gestatten anderen ihre Sicht auf die Dinge, ihre persönliche Meinung, auch wenn sie noch so sehr im Widerspruch zu ihrer eigenen stehen mag.

Doch wir Normalos sind mit unserem Urteil und unserer Kritik an anderen oft strenger als weißrussische Zollbeamten mit einreisenden Touristen. Jeder noch so läppische Fehler, jede noch so minimale Verfehlung, ja selbst jede noch so banale Handlung, die andere anders machen als wir, wird höhnisch, herablassend oder strafend kommentiert. Wunderbar lässt sich das beobachten, wenn man in einem Café zufällig zwei Freundinnen mittleren Alters am Nachbartisch sitzen hat: „Hast du schon gehört, Gertrud: Die Erika hat jetzt eine Woche Urlaub ganz allein gebucht. Ohne ihren Manfred! Wie kann man das denn nur machen! Also, nein! Ich würde das nie tun! Meinen Herbert eine ganze Woche allein lassen! Unmöglich ist das." Warum eigentlich sollte es uns tangieren, was andere machen? Das geht uns doch gar nichts an. Überhaupt: Was haben wir davon, wenn wir uns über andere lustig machen oder uns über sie aufregen, nur weil sie Dinge anders tun, als wir es machen würden? Wir selbst sind ja in aller Regel überhaupt nicht davon betroffen.

Im Schlusssatz des – bereits erwähnten – „Kölsche Grundgesetz" heißt es: „Vergess nie: Jede Jeck es anders!" Es gibt eben so viele Weltbilder und Anschauungen, wie es Menschen gibt, also fast 8 Mrd. – dies ist GEMs bewusst. Klar, manchmal fühlen auch sie sich wie eine Kuh – den ganzen Tag von Pfosten umgeben. Und dennoch tolerieren sie auch die schrägste Ansicht, die krudeste Vorstellung und den aberwitzigsten Standpunkt. All das natürlich nur solange, wie sich die Meinungen der anderen innerhalb der gesellschaftlich-gesetzlich akzeptierten Grenzen halten. Rituelle Kinderopfer finden auch GEMs nur bedingt okay.

22 Gelassene Menschen wollen tolerant sein

Nicht nur Menschen gegenüber sind GEMs tolerant – auch ihren Haustieren gegenüber. Da dürfen die Hunde sogar im Bett schlafen, weil es im Körbchen spukt. Oder der Kater darf in Herrchens Massage-Sessel fläzen, damit er sich nicht auf dem kalten Fliesenboden Hämorriden holt. Und der Goldfisch darf auch mal zwei Wochen in der Badewanne logieren, damit er so richtig schön Platz hat, um seine Runden zu drehen.

Zurück zu den Zweibeinern. Während man sich bei etlichen Zeitgenossen des Gefühls nicht erwehren kann, sie wären im Zweitberuf Sittenwächter oder Moralrichter, weil sie permanent und ungefragt das Verhalten oder die Einstellungen ihrer Mitmenschen kritisieren (zum Beispiel im Restaurant – „also, guck mal, so kann man doch sein Kind nicht erziehen – die erlauben dem ja seine Nudeln mit den Händen zu essen"), also, während manch einer fortwährend die Handlungen anderer abgleicht mit dem, wie man es selbst gemacht hätte, sind GEMs da völlig entspannt: Die machen's so und ich mach's so – jeder muss wissen, was für ihn/sie der richtige Weg ist. Genau diese Einstellung legen GEMs übrigens auch im Zusammenleben mit ihrem Partner an den Tag: Fundament ihrer Beziehung ist maximale Toleranz gegenüber dem lieben Menschen an ihrer Seite. Sie akzeptieren ihn/sie/es exakt so, wie er/sie/es ist, und hegen in keiner Weise das Bedürfnis, ihn/sie/es auch nur ansatzweise zu ändern. Das mag mitunter schwer zu beherzigen sein, aber dennoch halten sich GEMs eisern an diese Regel. Wenn es ihnen dann doch mal zu bunt werden sollte, hauen sie sich einfach eine Schachtel Weinbrandbohnen rein und die sich allmählich einstellende Wurschtigkeit sorgt dann wieder für ausreichend Toleranz.

Wir hatten an anderer Stelle gesagt, dass sich GEMs davor hüten, Urteile zu fällen und zu bewerten. Tun sie es doch einmal, sind sie milde und nachsichtig in der Beurteilung. Die sagen nicht, dass jemand dumm ist. Die sagen, dass jemand Pech beim Nachdenken hatte. Ihr Bild von anderen formen sie nicht auf Basis von Überheblichkeit, Besserwisserei oder Arroganz, sondern auf der Grundlage von Empathie, Verständnis und Weitsicht. Handelt jemand ganz anders, als sie es selbst getan hätten, verhält sich jemand ihnen gegenüber schroff oder gar verletzend, so schießen sie nicht zurück, sondern denken sich nur: Weiß ich, was diesem Menschen heute widerfahren ist, dass er sich so verhält?

GEMs ist außerdem klar, dass sie vom anderen immer nur einen ganz kleinen Ausschnitt seiner wahren Persönlichkeit zu sehen bekommen und dass es ein Leichtes ist, negative Seiten am Gegenüber zu entdecken. Wenn wir uns auf das konzentrieren, was uns an anderen nicht passt, dann werden wir es auch finden und übersehen dabei all jene Eigenschaften, die vielleicht okay oder sogar gut sind. GEMs bemühen sich daher, die Perspektive des anderen einzunehmen, und suchen bei den Menschen, mit denen sie nicht so gut klarkommen, bewusst auch positive Eigenschaften. Okay, manchmal fällt es tatsächlich schwer, bei einem emotionalen Totalausfall irgendetwas Vorteilhaftes zu entdecken. Dann sagen sich GEMs: Na ja, immerhin taugt er/sie als abschreckendes Beispiel.

Nun kommt es auch im Leben von GEMs vor, dass sie von geliebten und weniger geliebten Menschen fies behandelt werden, wo beim besten Willen und größter Gelassenheit keine Toleranz aufzubringen ist. Da flippen GEMs durchaus auch mal aus, schreien ihren Ärger raus und verkloppen ein unschuldiges Sofakissen. Doch wenn die Wut verraucht und ein wenig Zeit vergangen ist, sehen GEMs die Situation wieder in mildem Licht und können dem anderen verzeihen. Sie sind nicht nachtragend und halten anderen ihre Versäumnisse nicht bis zum jüngsten Tag vor, denn sie wissen, dass wir alle fehlbar und nicht perfekt sind.

23

Gelassene Menschen wollen pragmatisch sein

Nach dem Fußball-WM-Finale 2014 schrieb Philipp Lahm, der ehemalige Kapitän der Nationalmannschaft, in der ZEIT:

> Wir Sportler befinden uns in einer ständigen Abhängigkeit von Zufällen, von Dingen, die wir nicht beeinflussen können – manches ist einfach auch Glück.[1]

Nicht nur Spitzensportler, sondern jeder Mensch ist ein Spielball des Zufalls. Im Geheimnis Nr. 6 („GEMs planen ihr Leben maßvoll") haben wir schon kurz über die Rolle des Zufalls sowie die Idiotie mancher Lebensziele gesprochen. Es kommt halt öfter anders, als man denkt. Zum Beispiel Weihnachten – für viele Menschen immer wieder überraschend ist am 24. Dezember der

---

[1] http://www.zeit.de/sport/2014-07/philipp-lahm-ruecktritt-nationalmannschaft

Heilige Abend. Anders ausgedrückt: So wirklich planbar ist das Leben nicht. So vieles passiert unbeabsichtigt und unerwartet, so viele unkontrollierbare Einflussfaktoren gibt es, dass es anmaßend und unmöglich ist, seinen Lebensweg stets bewusst zu gestalten. Oder hatten Sie etwa Corona auf dem Radar und haben die Folgen der Epedemie in Ihre Lebensplanung einbezogen? Das haben GEMs gecheckt und rechnen jederzeit mit Überraschungen – positiven wie negativen.

Weil GEMs Überraschungen oder Zufälle für völlig normal erachten, schmeißt sie ein unvorhergesehenes Hindernis nicht aus der Bahn. Unvermutete Chancen entdecken und nutzen sie schneller als andere. Dies gelingt ihnen auch deshalb so gut, weil sie pragmatisch sind: Sie machen stets das Beste aus einer Situation. Wenn ihnen einer Steine in den Weg legt, pflastern sie einen Weg daraus.

GEMs verweilen nicht zu lange beim Lamentieren (im negativen Fall) oder beim Jubeln (im positiven Fall), sondern krempeln einfach die Ärmel hoch. Ihr gesunder Menschenverstand und ihr Blick für das Machbare erlauben es ihnen, aus nahezu jeder Situation das Maximale herauszuholen. Flexibel im Denken und Handeln, lösungsorientiert und ohne ideologischen Ballast schreiten sie zur Tat, auf dass sie vorankommen. Sie verschwenden keine Zeit mit langwierigem Abwägen, mit pseudoobjektiven Analysen oder akademischen Erörterungen. Wenn ihnen der über die Ufer getretene Bach den Keller voller Schlamm gespült hat, stellen sie sich nicht auf die Straße und beklagen ihr ach so ungerechtes Schicksal, sondern ziehen sich die Gummistiefel an und schauen zu, dass sie die ganze Kacke wieder hinausbefördern; dabei denken sie sich: „Klasse, ich wollte hier ja schon längst mal ausmisten – jetzt zahlt mir die Versicherung noch was für den ganzen alten Krempel."

23 Gelassene Menschen wollen pragmatisch sein

Pragmatismus bedeutet für GEMs auch, dass sie nicht warten, bis es die „ideale" Gelegenheit für eine bestimmte Aktivität gibt. Sie folgen damit intuitiv einer Erkenntnis der Australierin Bronnie Ware. Ware arbeitete viele Jahre lang als Palliativpflegerin. Ihre Erfahrungen mit Todkranken und Sterbenden fasste sie in ihrem Buch „Fünf Dinge, die Sterbende am meisten bedauern" (2015) zusammen. In einem Interview (Trentmann 2012) stellt sie fest:

> Wenn sie sterben, kommt eine Menge Furcht und Ärger aus den Menschen heraus und dieses ‚Ich wünschte, ich hätte …', das kommt auch immer wieder.

Deshalb verschieben GEMs ihre Träume nicht in die Zukunft, sondern setzen sie um. Sie warten nicht, bis der „beste Zeitpunkt" kommt. Der beste Zeitpunkt ist für sie immer: JETZT!

Wenn GEMs pragmatisch denken und handeln, heißt das nicht, dass sie jedwedes Reflektieren oder Sinnieren sein lassen. Natürlich sind sie lebenserfahren genug, um zu wissen, dass es nicht schadet, sein Gehirn einzuschalten, bevor man loslegt. Allerdings tun sie eines nicht: Sie erklären ein Vorhaben nicht im Vorhinein für gescheitert, nur weil ihre theoretische Analyse mögliche Bedenken zutage gefördert hat. Auch von demotivierenden Bemerkungen aus ihrem Umfeld lassen sie sich nicht einschüchtern. Das erinnert mich an folgende Fabel (sie stammt von einem unbekannten Verfasser):

> Einigen Fröschen war langweilig und deshalb entschieden sie, ein Wettrennen zu veranstalten. Da sie das Rennen etwas schwieriger gestalten wollten, war das Ziel die Spitze eines hohen Turms. Als das Wettrennen begann,

versammelten sich viele Frösche und schauten den Teilnehmern zu. Aber niemand im Publikum glaubte an einen Sieger. Der Turm war zu steil, und bald riefen die Frösche, es sei unmöglich, auf den Turm zu kommen und die Wettläufer könnten das nie schaffen. Das Publikum schien recht zu haben, denn ein Frosch nach dem anderen gab auf. Allerdings blieb ein Frosch übrig, der beharrlich den Turm erklomm. Die zuschauenden Frösche waren vollkommen verdattert und fragten den Sieger, wie er diese unvorstellbare Leistung erbringen konnte. Aber der Frosch blieb still. Er hatte sie nicht verstanden, denn er war taub!

Ähnlich wie der gehörlose Frosch verhalten sich GEMs im Alltag – sie stellen einfach auf Durchzug, wenn ihnen jemand einreden will, das ginge aus diesen oder jenen Gründen nicht. Sie machen einfach. Freilich haben sie nicht immer Erfolg. Manchmal scheitern sie grandios und denken sich für den Bruchteil einer Sekunde: „Ach, hätte ich nur mal auf die mahnenden Stimmen gehört." Doch dieser Gedanke verfliegt so schnell, wie er kam, und wird ersetzt durch: „Wenn ich es nicht ausprobiert hätte, dann wüsste ich nicht, dass es nicht klappt." Thomas Alva Edison, Erfinder der elektrischen Glühlampe, war so einer. Er wurde einmal nach seinen vielen Fehlproduktionen gefragt und sagte dazu:

> Ich bin nicht gescheitert. Ich habe nur 1000 Wege gefunden, die nicht funktionieren!

Das nenne ich praktizierten Pragmatismus! Selbiger bedeutet noch etwas, nämlich eine gewisse Flexibilität im Kopf und die Fähigkeit, sich von Prinzipien und Vorstellungen zu lösen, die sich als falsch erwiesen haben. GEMs besitzen diese Eigenschaft – sie halten nicht starr an einmal aufgestellten Glaubenssätzen fest, sondern

23 Gelassene Menschen wollen pragmatisch sein

hinterfragen ihren Standpunkt jedes Mal aufs Neue. Das hat nichts mit Opportunismus zu tun, sondern ist Zeichen einer geistigen Unabhängigkeit und der Gabe, sich selbst immer wieder infrage zu stellen. Um es mit Francis-Marie Martinez Picabia, einem französischen Schriftsteller, zu sagen:

> Der Kopf ist rund, damit das Denken die Richtung wechseln kann.

Alle genannten Aspekte des Pragmatismus helfen GEMs, entspannter zu sein – sie lösen durch ihre undogmatische, flexible und zukunftsorientierte Einstellung Probleme leichter, überwinden Hindernisse einfacher und verdauen Niederlagen schneller. Sie glauben an die Kraft des Handelns, ohne den Wert des Denkens zu vernachlässigen. Sie sind Meister im Improvisieren und Künstler beim Finden überraschender Lösungen. Wenn ihnen das Leben eine Zitrone gibt, dann holen sie sich Salz und Tequila.

Teil V

Ich bin nicht faul – nur hoch motiviert, nichts zu tun

24

Gelassene Menschen kümmern sich um sich

Es ist offensichtlich: Nur derjenige, der in sich ruht, der zufrieden/glücklich ist, kann vermeintlich belastende Situationen richtig einschätzen und Stressoren mit Gelassenheit begegnen. Ich bezeichne das als das „Sauerstoffmasken-Prinzip", das Sie sehr wahrscheinlich kennen, auch wenn Sie den Begriff so noch nie gehört haben. Wenn Sie mit dem Flugzeug unterwegs sind und den Sicherheitsanweisungen lauschen (anstatt gelangweilt in der Zeitung zu blättern oder dem Sitznachbarn Ihre Lebensgeschichte aufzudrängen), dann vernehmen Sie von den Flugbegleitern sinngemäß die Aufforderung, im Falle eines plötzlichen Druckverlustes in der Kabine die automatisch herabfallenden Sauerstoffmasken zunächst sich selbst und erst dann hilfsbedürftigen Mitreisenden (zum Beispiel Kindern oder stark alkoholisierten Geschäftsreisenden) anzulegen. Der Gedanke dahinter: Nur, wenn es Ihnen selbst gut geht, können Sie für andere da sein.

Dies trifft nicht nur in 10.000 m Höhe zu, sondern auch am Boden. GEMs haben das gepeilt und kümmern sich täglich um sich.

Lassen wir noch einmal den bereits mehrfach zitierten Josef Kirschner (2000, S. 247 f.) zu Wort kommen:

> Seltsamerweise ist die Voreingenommenheit weitverbreitet, jemand, der sich mehr um sich selbst kümmert als um andere, könne kein guter Familienvater, keine gute Hausfrau oder kein guter Kollege sein. Nichts ist einfacher, als diese Ansicht zu widerlegen. Wer selbstbewusst ist und sich glücklich verwirklicht, kann aus seinem besseren Selbst-Verständnis auch seine Mitmenschen besser verstehen. Wer imstande ist, seine Wünsche befriedigend zu verwirklichen, fällt seiner Mitwelt nicht mit seinen Ersatzbefriedigungen zur Last.

Diese Selbstfürsorge hat also rein gar nichts mit Egoismus, Ellbogenmentalität, Machiavellismus oder Rücksichtslosigkeit zu tun. Das Gegenteil ist der Fall! Ich wiederhole: Wenn es Ihnen gut geht, dann geht es auch anderen gut. Nur wenn Ihre Bedürfnisse nicht auf der Strecke bleiben, können Sie ein liebender Partner, ein verständnisvoller Elternteil und ein produktiver Mitarbeiter sein. Klingt banal, ist es aber nicht. Erschreckend viele Menschen stellen sich und ihre legitimen Ansprüche oft jahrelang hintan. Sie opfern sich für den Partner, für die Familie, den Arbeitgeber oder den Fußballverein auf. Kein Wunder, dass diese Menschen in aller Regel höchst unglücklich sind – im Privaten genauso wie im Beruf. Sei es durch Prägungen aus der Kindheit („du musst es allen recht machen") oder durch die aktuellen Umstände („ich muss Überstunden machen, sonst werde ich nicht befördert"): Solche Personen tun sich sehr schwer damit, an sich zu denken.

24 Gelassene Menschen kümmern sich um sich

GEMs hingegen lachen sich tot über einen Grundsatz, der unsere Gesellschaft wie kaum ein anderer prägt: Je mehr ich arbeite, je geschäftiger ich bin, je mehr ich mich für andere einsetze, umso wichtiger bin ich. Nein! Eben nicht! Je mehr ich an mich denke, desto vernünftiger bin ich. Dabei ist GEMs auch völlig klar, dass es viele Sachzwänge gibt, die sie einschränken. Klar, dass man nicht den ganzen Tag auf der Schaukel sitzen und Capri-Eis schlecken kann. GEMs sind – ebenso wie wir Normalos – eingebunden in ein Netz aus (sozialen) Verpflichtungen, sie leben in Familien und arbeiten in Unternehmen, in denen man sich auf sie verlässt und in denen Spielregeln gelten, an die sie sich zu halten haben. Aus diesem Geflecht können sie sich nicht so ohne Weiteres lösen, nach dem Motto: „Macht doch was ihr wollt, ich flieg jetzt erst mal vier Wochen in die Karibik."

Wenn es doch so einfach wäre! In einem Beitrag für den Harvard Business Manager beschreiben Tobias Leipprand und Michael Schwalbach (2014, S. 86), wie schwer es fällt, sich selbst an erste Stelle zu setzen oder sich einmal zurückzunehmen und nicht für andere da zu sein:

Sich Freiraum zu schaffen ist eine mutige Kärrnerarbeit […]. Oft müssen Sie sich dabei gegen das gängige falsche Verständnis der heutigen Leistungskultur stemmen: Lange Arbeitszeiten und ständige Geschäftigkeit stehen für Erfolg und Wichtigkeit. Möglicherweise haben Sie diese Sichtweise so sehr verinnerlicht, dass Sie sich permanent selbst antreiben. Vielleicht halten Sie sich gar für unverzichtbar. Und fühlen sich schuldig, wenn Sie mal einen Gang runterschalten, auch wenn Sie eigentlich wissen, wie wichtig das sein kann.

Trotz aller Zwänge nutzen GEMs sämtliche Gestaltungsmöglichkeiten, die ihnen das Leben bietet. Das sind keineswegs radikale Maßnahmen, sondern banale Dinge. Oft ist es nur eine halbe Stunde am Tag, die sich GEMs ausschließlich für sich reservieren, in der sie das machen können, was ihnen guttut und was sie stärkt – ob das nun aus Kaffeesahnenäpfchen das Kolosseum in Originalgröße nachbauen, Klorollenwärmer stricken oder Bier auf dem Spielplatz trinken ist.

Doch es ist mehr, als nur Zeit mit dem zu verbringen, was einem Freude bereitet. Es ist vor allem das In-sich-Hineinhören, was GEMs beherrschen. Sie ergründen ihre Bedürfnisse und versuchen, diese zu befriedigen. Nein, das heißt nicht, dass sie den ganzen Tag Pistazien-Rum-Edel-Marzipan-Pralinen in sich hineinstopfen oder das Schlafzimmer gar nicht mehr verlassen. Vielmehr handelt es sich um tiefer liegende Bedürfnisse, wie etwa nach Geborgenheit, Ruhe oder (das genaue Gegenteil) Aktivität. Indem GEMs sich bewusst fragen, was sie gerade benötigen, behandeln sie sich selbst so wie einen geliebten Menschen. Erinnern Sie sich noch daran, als Sie das letzte Mal frisch verliebt waren? Was haben Sie nicht alles getan, um Ihren Schatz zu beglücken – Sie haben ihm jeden Wunsch von den Lippen abgelesen und haben ihn mit all seinen Macken einfach nur bewundert. Genauso behandeln sich GEMs selbst – sie gehen liebe-, verständnis- und respektvoll mit sich selbst um, sie verzeihen sich Fehler, sie bauen sich auf, wenn sie mal niedergeschlagen sind, und sie machen sich Mut, wenn eine schwierige Aufgabe auf sie wartet. Kurz: Sie lieben sich selbst!

Genau darauf machte der russische Dichter Fjodor Michailowitsch Dostojewski aufmerksam, als er auf ein jahrtausendealtes Missverständnis hinwies, nämlich die Fehlinterpretation des Bibelwortes „Liebe deinen Nächsten wie dich selbst". Wahrscheinlich – so Dostojewski – müsste man diese Aufforderung genau andersherum verstehen, und zwar in dem Sinn, dass man den Nächsten nur dann wirklich lieben kann, wenn man sich selbst liebt (vgl. Watzlawick 1984, S. 97). GEMs wissen das.

25

Gelassene Menschen genießen das Leben

Der griechische Philosoph Epikur (342–270 v. Chr.) lebte zu einer Zeit in Athen, als die Zustände ziemlich deprimierend gewesen sein mussten. Die so vielversprechend gestartete Demokratie kam ins Stottern. Die Bürger wurden zunehmend ungehorsam und Despotismus breitete sich aus. Vielleicht war auch die Weinlese schlecht ausgefallen oder Panathinaikos Athen hatte die Qualifikation zur antiken Champions League verpasst. Die Stimmung jedenfalls war mies. Einer jedoch ließ sich davon nicht anstecken – besagter Epikur. Er meinte: Der Sinn des Lebens besteht darin, selbiges zu genießen und Schmerzen zu vermeiden, egal wie die Umstände sind. Doch stopp: Nicht wilde Saufgelage und zügellose Orgien verstand er darunter (wobei er das auch nicht ausschloss), sondern in erster Linie gesund essen, mit netten Leuten rumhängen und einen gechillten Lebensstil pflegen.

GEMs finden die epikureische Einstellung ziemlich cool und machen sie sich zu eigen. Dabei suchen sie nicht verbissen nach dem Glück und fragen sich auch nicht täglich, ob sie jetzt glücklich sind, weil sie wissen, dass dies eine zum Scheitern verurteilte Strategie ist. Um es mit dem englischen Philosophen John Stuart Mill (1806–1873) auszudrücken:

> Wer sich die Frage stellt, ob er glücklich ist, wird sofort unglücklich.

Vielmehr genießen GEMs das Leben und erheben die Suche nach dem (vollkommenen) Glück nicht zur Kardinalaufgabe, weil – wie der Wissenschaftler und Schriftsteller Charles Percy Snow (1905–1980) erkannte:

> Der Begriff Glückssuche ist lächerlich. Wer Glück sucht, wird es nie finden.

An die Stelle von Glück setzen GEMs also den Genuss. Dementsprechend ist für sie Geld nichts zum Horten, sondern zum Ausgeben. Sie wollen nicht als reichster Mann/reichste Frau auf dem Friedhof liegen, sondern sehen Geld als Mittel, um sich (und anderen) Gutes zu tun. Gute Idee! Daher nutzen sie auch jede Gelegenheit, der Arbeit eine Nase zu drehen und sich lieber den schönen Dingen zuzuwenden. Putzen ist nicht so wichtig für sie. Dennoch kann man in den Küchen von GEMs problemlos vom Boden essen – es findet sich immer etwas.

Das Leben besteht eben nicht nur aus Pflichten, sondern gerade (!) darin, schöne Momente zu schaffen, Chancen zum Genuss zu nutzen und sich an den Dingen zu erfreuen, die einem Spaß machen. Wie sagte schon der deutsche Liedermacher Konstantin Wecker:

25 Gelassene Menschen genießen das Leben

Wer nicht genießen kann, wird ungenießbar.

Konsequenterweise machen sich GEMs gute Laune, indem sie freundlich zu sich sind und ihr Leben genießen. Oder, um mit den Worten von Kurt Tepperwein (vgl. 2013, S. 149) zu sprechen: Sie gestatten dem Leben, ihnen Freude zu bereiten. Das kann bedeuten, dass sie mal eine Stunde früher Feierabend machen und niemandem etwas davon sagen. Die freie Zeit nutzen sie für einen Spaziergang im Wald, für einen kleinen Einkaufsbummel, einen Besuch im Zoo oder für einen Abstecher in die Eisdiele um die Ecke.

GEMs gehen (öfter) zum Friseur, zur Maniküre oder zur Kosmetikerin. Das genießen sie auch deshalb so sehr, weil sie wissen, dass ein schönes Äußeres das Selbstwertgefühl stärkt. Sie kaufen sich einen bunten Blumenstrauß für ihren Schreibtisch – so haben sie mehrere Tage lang einen schönen Anblick, an dem sie sich erfreuen können. Sie gönnen sich (allein, mit ihrem Partner, der besten Freundin/dem besten Freund oder ihrem Hamster) einen Wellnesstag in einem Hotel in der Nähe oder gehen in die Sauna, in ein Spaßbad oder einen Freizeitpark. Und GEM-Frauen kaufen sich häufiger mal ein neues Paar Schuhe. Klar, Glück kann man zwar nicht erwerben, manchmal helfen neue Pumps aber durchaus gegen ein Stimmungstief. Millionen von Damen können sich nicht täuschen.

Wenig überraschend pflegen GEMs auch ihre Hobbys. Egal, ob Taiko-Trommeln oder Stabmixer-Sammeln – sie finden Erfüllung, wenn sie ihren Interessen nachgehen. Allerdings verstehen sich GEMs auch prächtig auf die Kunst des Müßiggangs und können einfach auch mal nichts tun und huldigen damit dem französischen Philosophen und Mathematiker Blaise Pascal, der in seinem Buch „Pensées" schrieb (zitiert nach Höffe 2015, S. 204):

> Wenn ich es mitunter unternommen habe, die mannigfaltige Unruhe der Menschen zu betrachten, sowohl die Gefahren wie die Mühsale, denen sie sich, sei es bei Hofe oder im Krieg, aussetzen, woraus so vielerlei Streit, Leidenschaften, kühne und oft böse Handlungen usw. entspringen, so habe ich oft gesagt, dass alles Unglück der Menschen einem entstammt, nämlich, dass sie unfähig sind, in Ruhe allein in ihrem Zimmer bleiben zu können.

In diesem Sinne fahren GEMs hin und wieder ganz bewusst ihr Aktivitätsniveau auf null. Sie entsagen all den Verlockungen, welche das moderne Leben bereithält, und machen es sich daheim gemütlich, ohne jedwedes schlechtes Gewissen. Für uns Durchschnittsmenschen ist das allerdings gar nicht so einfach. Schenkt man Forschungsergebnissen der University of Virginia Glauben, dann ist es nämlich verdammt schwierig, wirklich nichts zu tun. Wissenschaftler baten Testpersonen, 15 min lang rein gar nichts zu machen. Das Einzige, was sie tun konnten (nicht mussten!), war, sich selbst einen leichten Elektroschock zu versetzen. Die Resultate sind erschütternd: Zwei Drittel aller Männer und ein Viertel aller Frauen verpassten sich wenigstens einmal einen Stromstoß! Vielen Menschen ist es offensichtlich lieber, sich selbst zu quälen, als nichts zu tun (vgl. Schindler 2014, S. 117). Hmm, haben wir sie noch alle?

Statt der Stromstöße gönnen sich GEMs lieber andere Vergnügen. Sie genießen jeden Tag aufs Neue und erfreuen sich an zahlreichen Kleinigkeiten. Sie genießen das frühmorgendliche Vogelzwitschern. Sie freuen sich, wenn sie beim Gang ins Wohnzimmer barfüßig auf einen umherliegenden Legostein des Sohnemanns treten und der Schmerz dann allmählich nachlässt. Sie schlürfen genussvoll die erste Tasse Kaffee des Tages. Sie lieben den frischen Geschmack der Zahnpasta im Mund. Ach, sie ergötzen

25 Gelassene Menschen genießen das Leben

sich schlichtweg an den vielen Tausend kleinen Freuden, die der Alltag in seinem Verlauf so in seinem Sortiment hat.

Schließen wir mit einem Zitat des Kabarettisten Dieter Nuhr (2015, S. 125), das den Inhalt dieses Geheimnisses so kurz wir treffend formuliert:

> Wer doof in der Ecke sitzt, anstatt seiner göttlichen Verpflichtung zum genüsslichen Leben nachzugehen, begeht Sünde!

26

Gelassene Menschen sprechen positiv

Vorhin haben Sie gelesen – vielleicht erinnern Sie sich noch? –, dass GEMs öfter mal die Klappe halten, damit sie andere nicht verletzen und auf diese Weise einem möglichen Streit (über den man sich aufregen müsste) aus dem Weg gehen. Sie nörgeln nicht dauernd, weil sie wissen, dass permanentes Herummosern jede anfangs noch so harmonische Beziehung vergiftet. Muss dann doch mal was angesprochen werden, wählen GEMs ihre Worte weise und finden positiv-wertschätzende Formulierungen, die dem anderen nicht wehtun. „Nein, Schatz, du bist nicht zu dick, nur zu klein für dein Gewicht."

Allerdings birgt diese leicht schwammige Art zu sprechen die Gefahr, dass die Botschaft beim Gegenüber nicht ankommt. Insbesondere in der Eltern-Kind-Kommunikation ist es von hoher Bedeutung, sich unmissverständlich auszudrücken. Ich geb Ihnen mal ein Beispiel: Wenn Sie Ihrem Kind in süßem, unverbindlichen

Ton sagen: „Du, Candida-Mona, Zeit zum Schlafen", dann legt sich Ihr Nachwuchs womöglich folgende Strategie zurecht:

Zeit zum Schlafen ist vielleicht für andere Kids, ich geh' erst mal nicht ins Bett. Lieber spiele ich im Bad ein bisschen mit dem Wasserhahn, mach Gesangsübungen mit der Zahnbürste und spritze dabei den Spiegel mit Zahnpasta voll. Danach ziehe ich mir meinen Schlafanzug falsch herum an und verstecke meinen Lieblingsteddy, ohne den ich niemals einschlafen kann. Okay, irgendwann leg ich mich dann doch ins Bett, aber nur für zwei Minuten. Kurz nachdem das Licht ausgegangen ist, steh' ich auf und bitte um ein Glas Wasser. Hab' ich das getrunken und bin wieder im Bett, schreie ich hysterisch nach meinen Eltern und erkläre ihnen, dass ein Monster unter meinem Bett lebt. Haben sie mich beruhigt, frag' ich nach einem weiteren Gutenachtkuss. Vier Minuten darauf teile ich meinen Erzeugern mit, dass ich gaaaaanz dringend aufs Töpfchen muss. Danach frag ich nach einem zweiten Glas Wasser. Bei dieser Gelegenheit erinnere ich sie noch mal an die Monster.

Nun, da hätten Sie vielleicht doch besser die klare Aufforderung „Geh ins Bett!" verwendet.

Also: Die Kunst besteht darin, gleichzeitig positiv sowie unmissverständlich zu sprechen. Leicht ist das nicht. Mit ein paar Tricks jedoch schaffen GEMs das. So prüfen sie stets, ob sie das Wörtchen „aber" streichen können. Das kennen wir doch alle. In der Besprechung macht ein Kollege einen Vorschlag. Und was sagen wir? „Das ist ja ganz gut, aber hast du auch daran gedacht …" Rumms, sofort ist die eigentlich positive Aussage kaum noch als solche zu erkennen, weil wir durch das „Aber" auf etwas Negatives hinweisen. GEMs ersetzen das „Aber" einfach durch ein „Und" oder lassen es ersatzlos weg. So bleibt der

26 Gelassene Menschen sprechen positiv

zustimmende Charakter voll erhalten, ohne dass Sinn verloren geht.

Ein weiterer Trick, mit dem sich wahrhaft positiv formulieren lässt: Lenorwörter weglassen! Das sind Weichspüler-Worte, welche die darauf folgende Aussage entwerten, wie im Beispielsatz eben das „Ganz". Auch eigentlich, vielleicht, ein bisschen/wenig, relativ, scheinbar … entkräften das Gesagte. „Das hast du eigentlich ganz gut gemacht" – da können Sie dem anderen auch gleich zubrüllen: „Ey, das war ja jetzt voll scheiße."

Noch etwas tun GEMs, um wertschätzend-positiv zu kommunizieren: Sie machen keine Vorwürfe! Sie sagen nicht: „Das hast du falsch verstanden", weil sie wissen, dass sie den Gesprächspartner dadurch fast automatisch zum Widerspruch reizen und sich so ganz schnell ein Streit entwickelt. Sie würden eher formulieren: „Da habe ich mich wohl nicht präzise ausgedrückt, was ich meinte, ist …"

Positiv zu sprechen bedeutet nicht nur, wie wir unsere Worte im Gespräch mit anderen wählen, sondern auch, wie wir uns mit uns selbst unterhalten – davon hatten wir es ja vorhin schon. Wie oft schaden wir uns, weil wir uns durch unsere Wortwahl negativ beeinflussen. Beispiele gefällig? „Ich kann nicht", „Das geht bestimmt schief" oder „Ich muss". Doch: Können wir tatsächlich nicht, wird es sicherlich schiefgehen, und müssen wir wirklich? Das Dumme ist, dass unser Unterbewusstsein den Wahrheitsgehalt von solchen Selbstsuggestionen nicht checkt. Unser Hirn ist so dämlich und glaubt einfach, was wir uns einreden! Keine Sicherheitskontrolle in der Großhirnrinde. Die Neuronen sind so gutgläubig wie die Rentnerin, die dem Fremden an der Türe abnimmt, dass ihn der Enkel geschickt habe, um Geld zu holen. Mit solchen negativen Selbstmanipulationen legen wir uns selbst Steine in den Weg. GEMs sind da mal wieder anders. Bei einer schwierigen Aufgabe reden sie sich nicht ein: „Ich kann das nicht", sondern sie denken über die Ursachen nach und stellen dann fest, dass es eigentlich kein Nicht-Können, sondern ein Nicht-Wollen ist: „Ich will nicht, weil …". Ein „Ich muss" bedeutet nahezu immer „Ich will, weil …".

GEMs sind jedoch keine realitätsfernen Fantasten, die meinen, dass alles, was sie sich einreden, auch klappt. Wohl aber kennen sie die Theorie der „Selbstwirksamkeitserwartung", die von dem kanadischen Psychologen Albert Bandura in den 1970er-Jahren entwickelt, seitdem vielfach bestätigt und hier auch schon zuvor genannt wurde. Zur Wiederholung: Vereinfacht gesagt bedeutet das: Je mehr man an sich glaubt und von seinen Begabungen überzeugt ist, desto mehr Kraft entwickelt man auf dem Weg zu seinen Lebenszielen. Nein, dies hat nichts mit „Tschaka-du-kannst-alles-schaffen-wenn-du-nur-willst-Rhetorik" zu tun, sondern ist wissenschaftlich erwiesen: Menschen mit einem ausgeprägten Glauben an sich verfügen über mehr Ausdauer und Geduld. Und zum Ansich-Glauben gehört eben auch, wie man mit sich über die Dinge spricht, die einen belasten. Das sind – nüchtern betrachtet – ja oft Banalitäten. Wer dann jedoch von „Mega-Problemen", „katastrophalen Fehlern" oder „furchtbaren Desastern" faselt, der braucht sich nicht zu wundern, wenn er nicht gelassen ist. Da tut es gut, sich an eine Stelle aus dem Talmud zu erinnern:

Achte auf Deine Gedanken, denn sie werden Worte.

Achte auf Deine Worte, denn sie werden Handlungen.

Achte auf Deine Handlungen, denn sie werden Gewohnheiten.

Achte auf Deine Gewohnheiten, denn sie werden Dein Charakter.

Achte auf Deinen Charakter, denn er wird Dein Schicksal.

26 Gelassene Menschen sprechen positiv

GEMs haben das verinnerlicht. Während normale Menschen bei einer Erkältung zu sich sagen: „Oh je, ich hab einen fiesen Schnupfen und alles tut mir weh" (Männer drücken das so aus: „Mit mir geht es zu Ende"), spricht ein GEM zu sich: „Ich hab 'ne rote Nase und topfit bin ich auch nicht, allerdings: in ein paar Tagen ist's vorüber." Da wird nicht gejammert, sondern hoffnungsfroh nach vorn geschaut.

27

Gelassene Menschen nehmen sich Zeit für das, was sie tun

Vor nicht allzu langer Zeit war ich mit meinem Sohn in Darmstadt in einem gigantischen Rennbahncenter – die dort aufgebaute Carrerabahn lässt jedes Männerherz schneller klopfen. Gefühlte 50-mal größer als die üblicherweise in Kinderzimmern oder Hobbykellern befindlichen Rennstrecken, konnten wir uns hier so richtig austoben. Insgesamt fünf 20-Runden-Rennen fuhren wir gegeneinander. Wer hat gewonnen? Fünfmal Niklas! Und dafür gab es einen guten Grund. Denn ich hatte den Regler fast immer am Anschlag. Klingt paradox, aber lässt sich leicht erklären. Klar, in den Kurven bremste ich schon runter, allerdings oft nicht genug – mit dem Ergebnis, dass mein Bolide infolge überhöhter Geschwindigkeit mehrfach aus der Bahn flog, ich den Controller ablegen, zur Kurve sprinten, den Wagen wieder in die Spur setzen und zu meinem Platz zurückkehren musste. Wertvolle Sekunden verlor ich so Mal um Mal. Süffisant grinsend stand Filius neben mir und zog bedächtig mit seinem Racecar Bahn um Bahn, um schließlich jedes Mal mit riesigem Abstand als Erster die Ziellinie zu überqueren. Unweigerlich musste ich in dieser Situation an den ehemaligen, britischen Formel-1-Rennfahrer Jackie Stewart denken, der mal sagte:

> Manchmal muss man langsamer werden, um schneller zu sein.

Das trifft nicht nur auf dem Rennparcours, sondern in allen Lebenssituationen zu. Gerade dann, wenn man es eilig hat, vielleicht weil man den 07:48-Uhr-Bus erwischen möchte und sich parallel die Zähne putzt sowie versucht, das Hemd/die Bluse zuzuknöpfen, gerade dann tropft Zahnpasta auf das halb angezogene Shirt. Jetzt brauchen wir doppelt so lange, weil wir uns umziehen müssen. Der Bus ist dann garantiert schon weg. Das macht einen nicht unbedingt gelassen.

GEMs dagegen sind achtsam und konzentriert in ihren Handlungen. Nicht dass sie jetzt alles mit angezogener Handbremse oder in Slow Motion machen würden, nur sie nehmen sich halt ausreichend Zeit für ihre Tätigkeiten. Vor allem wenden sie die „Schreiner-Regel" an. Angehende Schreiner bekommen es in ihrer Ausbildung wiederholt gesagt: Bevor man die Säge ansetzt, sollte man sich vergewissern, dass man richtig Maß genommen hat: Zweimal messen, einmal schneiden! Dies ist in einem übertragenen Sinn eine hervorragende Empfehlung, die Stress und Ärger zu vermeiden hilft. Wie oft passiert es in der Hektik des Alltags, dass man hastig handelt, ohne nachzudenken. Später stellt man dann fest, dass eine Aktion vielleicht gar nicht nötig gewesen wäre oder dass man das Falsche getan hat oder dass man vergessen hat, ein Detail zu beachten. Das kennen Sie doch bestimmt:

27 Gelassene Menschen nehmen sich Zeit …

„Hi Jürgen, anbei sende ich dir das Protokoll der Abteilungsbesprechung. Gruß, Jonas." Eine halbe Stunde später bekommen Sie die Antwort-Mail von Jürgen: „Danke, aber wo ist der Anhang?"

Jedoch: Wir lernen aus solchen Vorfällen nicht. Immer wieder sind wir schlampig beim Planen und nehmen uns keine Zeit zum Nachdenken, bevor wir mit einer Aufgabe loslegen. Hauptsache, es geht schnell. Deshalb parallelisieren wir auch, wann immer es geht – da telefonieren wir und suchen dabei im Intranet nach dem Kantinenplan, bis uns der Gesprächspartner mit den Worten „Bist du noch dran oder tot?" zurück in die Gegenwart holt. Multitasking heißt dieses erfolglose Bemühen, mehrere Sachen simultan zu erledigen. Geht nicht! Auch Frauen können's nicht – ehrlich. Das ist ein Mythos. Wir Männer schaffen das allerdings ganz easy. Wir sind durchaus multitaskingfähig – wir können gleichzeitig mehrere Probleme verursachen.

Allen Ernstes: Multitasking funktioniert echt nicht. Professor Clifford Nass von der Stanford University weiß das:

> Die menschliche Kognition ist schlecht geeignet zur Beachtung von multiplen Input-Strömen sowie zur gleichzeitigen Ausführung multipler Aufgaben.[1]

Was er damit sagen will: Wir Menschen sind einfach nicht dafür gemacht, mehrere Dinge gleichzeitig auszuführen. Dazu nur eine von vielen wissenschaftlichen Erkenntnissen, die diese Aussage stützt: Tests am King's College, London (vgl. Voß 2009), haben gezeigt, dass Personen,

---

[1] http://www.sueddeutsche.de/kultur/multitasking-plingpling-auf-allen-kanaelen-1.1389947

die eine Aufgabe erledigen und sich dabei gleichzeitig den E-Mails widmen, eine schlechtere Leistung bringen als jene, die infolge von Marihuana zugedröhnt sind. Was heißt das jetzt? Kommt bekifft ins Büro, es macht keinen Unterschied!

Wo war ich? Ach ja: Wer sich auf eine Sache konzentriert, macht weniger Fehler, ist effektiver und effizienter – alles Faktoren, die Gelassenheit befördern. Sich Zeit zu nehmen oder geduldig zu sein, ist noch in anderer Hinsicht eine außerordentlich wichtige Empfehlung, wie wir spätestens seit Walter Mischels legendären Marshmallow-Experimenten wissen. Auch wenn Sie den Namen noch nicht gehört haben, so kennen Sie doch wahrscheinlich die Versuchsanordnung aus einem Werbeclip, bei dem Kinder vor einem Überraschungsei sitzen und entweder mit dem Verzehr warten oder sich sofort darauf stürzen. Mischel begleitete die von ihm getesteten Kinder über einen sehr langen Zeitraum – bis weit hinein ins Erwachsenenalter. So hat der österreichisch-US-amerikanische Psychologe mit seinen Tests herausgefunden, dass Menschen, die sich schon als Kind gedulden können, später in akademischer, emotionaler und sozialer Hinsicht erfolgreicher sind als nervöse Zappelphilippe. Der Bildungsforscher Matthias Sutter (vgl. 2014 und 2016) plädiert deshalb sogar dafür, an Kindergärten und Schulen gezielt Geduld zu fördern. Geduld als Unterrichtsfach? Wie sollen da Noten vergeben werden? Wer länger als eine Viertelstunde still sitzen kann, bekommt eine Eins; für jede Minute weniger gibt es Punktabzug? Die perfekte Vorbereitung für eine Karriere als Lokomotivführer: einfach nur dasitzen und aus dem Fenster starren.

28

Gelassene Menschen können „Nein" sagen

Zahlreiche Menschen haben einen Sprachfehler. Sie können nicht „Nein" sagen – weder zu anderen noch zu sich. Das heißt, ihnen fehlt die Gabe, auch mal auf was zu verzichten, mal (im wahrsten Sinn des Wortes) etwas sein zu lassen. Es überrascht dann auch nicht, wenn sie nicht gelassen sind. Warum schaffen es nur so wenige Zeitgenossen, bei passender Gelegenheit diese vier Buchstaben in den Mund zu nehmen? Josef Kirschner liefert in seinem Buch „Die Kunst, ein Egoist zu sein" (2000, S. 87) eine plausible Antwort:

> Die Vorstellung vom netten Menschen, der bei jedem beliebt sein muss, sitzt tief in uns drin. Sie macht uns zum Nachgeben bereit, auch wenn es für uns von Nachteil ist. Auf diese Weise bringen uns unvorteilhafte Kompromisse von dem Ziel ab, das wir uns gesetzt haben. Der einzige Trost, der bleibt, ist nur die vage Befriedigung, ein netter

Mensch zu sein. Aber die Anerkennung, die wir beim anderen dafür erhalten, hält nicht ewig an.

Stimmt ja auch – so oft tun wir etwas, ausschließlich um damit anderen einen Gefallen zu tun und so Sympathiepunkte einzusammeln. Mitunter können wir auch gar nicht anders, weil man uns als Kind immer wieder sagte und vorlebte, dass wir nur dann geliebt werden, wenn wir es Mama, Papa, Oma, Opa und Frau Bückelhoff-Wegmanscheidt, unserer Grundschullehrerin, recht machen. Und so opfern wir uns auch im Erwachsenenalter noch für den Partner, die Kinder, die Freunde, den Chef, die Kollegen, die Nachbarn und die Vereinskumpels auf – aus Angst, sonst deren Anerkennung und Zuneigung zu verlieren. Auch wenn unser Terminkalender schon randvoll ist oder wir überhaupt keine Lust haben, die an uns herangetragene Bitte zu erfüllen – schließlich tun wir es doch; mit geballter Faust in der Hose und gequältem Grinsen.

Ebenso, wie wir Aufgaben erfüllen, die wir – aus welchen Gründen auch immer – eigentlich nicht erledigen wollen, ebenso verhalten wir uns auch oft so, wie man es von uns erwartet. Da machen wir beim sonntäglichen Familien-Kaffeetrinken einen auf netten Schwiegersohn und heucheln größtes Interesse, ja fast schon Begeisterung, für Großtante Ernas zum 37. Mal vorgebrachte Anekdoten aus der Kriegszeit, während wir einfach nur daheim auf der Couch sitzen und in Ruhe ein Buch lesen wollen. Es fällt uns halt so schwer zu sagen: „Schatz, geh du mal allein mit den Kindern zu deinen Eltern, ich bleib' zu Hause."

GEMs hingegen haben den Schneid, im entscheidenden Moment die Hand zu heben und „stopp!" zu rufen. Dabei orientieren sie sich an Fußballmannschaften. Diese können noch so gut im Angriff sein, wenn die

28 Gelassene Menschen können „Nein" sagen

Defensive löchrig ist wie ein Nudelsieb, wird man zumeist als Verlierer vom Platz gehen. Nicht nur auf dem Fußballplatz ist Abwehrschwäche ein eklatantes Defizit, auch in Büros, Wohnzimmern und Vereinsheimen ist fehlende Widerstandskraft ein großes Problem: Wer zu allem und jedem bereitwillig „Ja" sagt, wird sich schnell kaum noch vor Aufträgen, Anfragen und Arbeitskreisen retten können. Denn: Die meisten Menschen besitzen einen untrüglichen Instinkt für Zeitgenossen, die einem keinen Gefallen abschlagen können. Arbeit, die man delegieren kann, hat man schon mal weg vom Schreibtisch – so die Devise derjenigen, die offene Flanken der Kollegen gnadenlos ausnutzen.

Wahre Könner verstehen es, ihr Anliegen in charmante, oftmals lobende, Worte zu verpacken und so dem Opfer fast keine Chance zum Entkommen zu lassen: „Sie haben das letzte Mal die Auszubildendenveranstaltung so toll abgewickelt, da dachte ich mir, Sie könnten doch den Kundenvortrag von Prof. Grün organisieren."

Der Begriff „Abwehrschwäche" steht jedoch nicht nur für Aufgaben, die man nicht ablehnen kann (oder will), sondern er verkörpert auch sonstige Belästigungen, die uns in unserer freien Entscheidung einschränken – sei es der unangemeldete Besucher, der plötzlich im Büro steht, sei es der Nachbar, der einen unbedingt dazu überreden will, mit ihm nach Feierabend noch ein Bierchen zu trinken, oder sei es der Lehrer der Tochter, der einen als Elternbeirat gewinnen möchte. Wer Souverän seiner Zeit bleiben will, der muss lernen, Abwehrkräfte zu entwickeln. GEMs können das, ohne dabei eine Blockadepolitik zu verfolgen. Sie wissen: Menschen sind kooperative Wesen. Wem man einen Gefallen erwiesen hat, der wird mit großer Wahrscheinlichkeit auch hilfsbereit zur Verfügung stehen, wenn man selbst einmal Unterstützung benötigt. Deshalb überlegen sie, ob die an sie herangetragene Bitte wirklich eine

Belastung für sie darstellt. Oft können neue Aufgaben, Einladungen, Ämter oder Ähnliches ja auch eine Chance zur Weiterentwicklung bieten. Vielleicht hat man gerade auch tatsächlich ein wenig Zeit zur Verfügung? GEMs bestehen dann nicht kategorisch auf einem Nein.

Nein zu sagen bedeutet für GEMs schließlich auch, den Verlockungen unserer Multioptionsgesellschaft zu widerstehen. Für 99 EUR nach Barcelona fliegen? Wäre ich ja dumm, wenn ich es nicht mache (auch wenn ich eigentlich weder die Zeit noch die Lust dazu habe). Den 17. Teil von Ice Age im Kino schauen? Klar, schließlich will ich ja mitreden können (auch wenn ich animierte Tiere aus dem Mesozoikum nur bedingt witzig finde). Beim Super Special Sonder Sale ein paar neue Teile für den Sommer kaufen? Das darf ich mir nicht entgehen lassen (auch wenn der Kleiderschrank schon zum Platzen voll ist). GEMs zucken da nur lässig mit den Schultern, lassen andere beim Check-in oder an der Kasse in der Schlange stehen und lehnen sich in ihrem Massagesessel entspannt zurück.

Dieselbe Art von souveräner Gleichgültigkeit legen GEMs beim Thema Medienkonsum an den Tag. Sie sagen sich: „Ich muss nicht wissen, wie die aktuelle Freundin von Lothar Matthäus heißt oder was der ecuadorianische Fischereiminister beim Panpazifik-Kongress gesagt hat." Sie sind überzeugt davon, dass die Sonne morgen auch noch aufgehen wird, wenn sie nicht die aktuelle Ausgabe von Spiegel, ZEIT und BUNTE gelesen haben. Sie fühlen sich nicht verpflichtet, stündlich auf faz.net die Weltlage zu checken. Timothy Ferriss (2011, S. 105) nennt das „selektive Ignoranz" und meint:

> Ebenso wie der moderne Mensch zu viele Kalorien, noch dazu ohne Nährwert, konsumiert, nimmt er zu viele Daten auf. Die meisten Informationen sind negativ, schlucken

28 Gelassene Menschen können „Nein" sagen

viel Zeit, haben nichts mit Ihren Zielen zu tun und unterliegen nicht Ihrem Einfluss.

GEMs beschränken daher ihren Informationskonsum. Und erst recht nutzen sie Facebook, TikTok und andere Social-Media-Angebote höchst wählerisch – vor allem, weil ihnen klar ist, dass das wirklich Interessante draußen stattfindet. Den verschwommenen Rand um das Smartphone nennt man übrigens Leben.

29

Gelassene Menschen nehmen sich nicht zu viel vor

Die erste Strophe des „Lazy Song" von Bruno Mars liest sich wie eine Hymne an die Faulheit:

> Today I don't feel like doin' anything, I just wanna lay in my bed, don't feel like picking up my phone, so leave a message at the tone, cause today I swear I'm not doin' anything.

Vermutlich ist Bruno Mars ein GEM, sonst hätte er diese Zeilen kaum verfassen können. Nun wäre es jedoch nicht ganz zutreffend zu behaupten, GEMs wären Faultiere. Allerdings sind sie auch nicht gerade von übertriebenem Eifer gekennzeichnet. Sie wägen stets sorgfältig ab, was/wie viel sie tun wollen und welcher Aufwand dafür gerechtfertigt erscheint. Sie vergleichen die möglichen Ergebnisse ihres Einsatzes mit der dazu erforderlichen Energie. Erscheint ihnen das Resultat als zu mager, dann lassen sie die Finger davon und gehen dafür lieber Enten füttern. Auf diese Weise geraten sie selten in Stress.

Aktionismus – das Handeln allein um des Handelns willen, um anderen zu zeigen „Hier passiert was" – das ist GEMs fremd. Sie haben es nicht nötig, beschäftigt zu tun und sich selbst Arbeit zu schaffen, lediglich damit andere beeindruckt denken: „Wow, der Michael ist ja echt ein Arbeitstier." GEMs sind so selbstbewusst, dass sie sich nicht über die Menge geleisteter Überstunden definieren müssen. Sie prahlen nicht mit Wochenarbeitszeiten im dreistelligen Bereich. Sie verwechseln Quantität nicht mit Qualität und zeigen dem gar so omnipräsenten Leistungsmantra voller Überzeugung den ausgestreckten Mittelfinger: Ich kann auch was gelten, wenn ich mich im Büro nicht bis zur totalen Erschöpfung verausgabe. Ich bin auch ein wertvoller Mensch, wenn ich freitags um 15:00 Uhr den Arbeitsplatz verlasse und am Wochenende keine Mails über das Firmenhandy verschicke.

GEMs legen sich also selbst Grenzen bei der Arbeitsmenge auf – im Beruf ebenso wie im Privaten. Klar, im Job ist das oft ein bisschen schwierig. Nicht jeder Boss reagiert verständnisvoll und einsichtig, wenn Sie zu ihm sagen: „Och, das mach ich jetzt nicht – wird mir zu viel." GEMs tun ja durchaus was für ihr Gehalt; sie engagieren sich nach besten Möglichkeiten und bemühen sich, hervorragende Arbeit abzuliefern. Allerdings nur im Rahmen dessen, was als zumutbar gelten darf. Sie erniedrigen sich nicht zum Sklaven des Systems und lassen sich nicht ausbeuten. Mutig und entschlossen verweisen sie auf ihren Arbeitsvertrag, in dem in aller Regel ja was zum Thema Arbeitszeiten steht. Selten ist dort fixiert, dass man zu schuften hat, bis man aus seinem Büro-Drehstuhl TOP-TECH450 kippt.

Im Privatleben ist es deutlich einfacher, sein Pensum auf ein erträgliches Maß zu reduzieren. Da hat man keinen

Chef, der einem vielleicht blöd kommt – höchstens einen Partner, der eventuell etwas verdutzt aus der Wäsche schauen mag, wenn Sie ihm/ihr erklären, dass es heute Abend nichts zu essen gibt, weil Sie im Laufe des Tages ja schon genügend andere Sachen gemacht haben. Aber verhungern muss in Zeiten von lieferheld.de niemand mehr!

Man muss auch nicht auf jeden Elternabend gehen, wo ohnedies ja nur stundenlang darüber debattiert wird, ob beim gesunden Frühstück in der zweiten Pause lieber Kohlrabi statt Möhrchen angeboten werden sollten. Ihre Tochter wird die nächste Jahrgangsstufe auch erreichen, wenn Sie bei diesem Diskussionsabend gefehlt haben. Und Ihre Arminia Bierzelt wird auch nächste Saison noch in der Bezirksliga Nord-West kicken, wenn Sie bei der Ausschusssitzung zur Verschönerung des Vereinsheims nicht anwesend waren.

GEMs tun noch etwas, damit Stress bei ihnen keine Chance hat: Sie wenden ein striktes Zeitmanagement an! Sie sind Meister in der Zeitplanung, weil sie genau wissen, dass viele Sachen im (Berufs-)Leben viel länger dauern, als wir meinen. Anders ausgedrückt: Wir verkalkulieren uns ganz oft, wenn es darum geht, den Zeitbedarf für bestimmte Aufgaben zu schätzen, geraten deshalb in Verzug und schließlich unter Termindruck, was uns im Resultat angespannt werden lässt. Nur zu häufig meinen wir, dies und das „mal eben schnell" erledigen zu können. Doch aus den geplanten fünf Minuten für die Beantwortung eines anonymen Drohbriefes werden schnell mal zwei Tage. Kein Wunder, dass wir bei einem solchen Zeitmanagement permanent unseren To-dos hinterherhecheln und angespannter sind als der Gürtel von Reiner Calmund.

Unsere verehrten GEMs sind da mal wieder ganz anders: Die nehmen sich nur so viel vor, wie sie realistischerweise auch erledigen können, und planen genügend Zeit für ihre Aufgaben ein, egal ob es sich dabei darum handelt, eine Präsentationen zu erstellen, das Kinderzimmer zu streichen oder den Koffer für den Urlaub zu packen. Damit sind sie nicht nur deutlich weniger herzinfarktgefährdet, sondern erreichen überraschenderweise auch oft mehr. Wir hingegen machen morgens eine Liste mit 22 Punkten, was wir im Verlauf des Tages so alles erledigen wollen, nur um dann abends völlig frustriert festzustellen, dass wir davon nur vier Sachen streichen konnten, während 13 neue Aufgaben hinzugekommen sind. Und dabei haben wir auch noch auf jegliche Pausen verzichtet und das Mittagessen innerhalb von fünf Minuten in Form einer Mikrowellen-Currywurst eingesogen. Apropos: Tom Hodgkinson (2014, S. 85 f.) meint in seiner „Anleitung zum Müßiggang" – die übrigens in keinem GEM-Bücherschrank fehlt – zum Thema „Lunch":

> Doch was bedeutet Mittagessen dem modernen Arbeitnehmer heute im einundzwanzigsten Jahrhundert West? Traurigerweise ist das Mittagessen zu einer ausschließlich praktischen Angelegenheit herabgewürdigt worden. Die Tradition des gemütlichen Mahls hat durch die Arbeitsmoral eine schwere Niederlage einstecken müssen.

Sie ahnen es schon: GEMs ernähren sich zur Mittagszeit nicht von am Schreibtisch verzehrten Schinken-Käse-Sandwiches oder 5-Minuten-Terrinen, sondern nehmen in Ruhe ihr Mittagsmahl ein, wohl wissend, dass ihnen dadurch Zeit für die Arbeit „verloren" geht – für sie ist das jedoch kein Verlust, sondern ein Gewinn an Lebensqualität.

30

Gelassene Menschen schaffen sich ein Wohlfühl-Umfeld

Wollen wir uns voller Elan dem nächsten Geheimnis entspannter Menschen zuwenden. Es geht um die Wohnung und den Arbeitsplatz. Ich weiß, was Sie jetzt denken: Was hat das denn mit Gelassenheit zu tun? Eine ganze Menge, denn unsere äußere Umgebung besitzt einen enormen Einfluss darauf, wie wir drauf sind. Sehen wir mal von Messies und anderen pathologischen Chaosliebhabern ab, so kann folgender Zusammenhang als gesichert gelten: Je wohler wir uns in unserem physischen Lebensraum fühlen, je mehr uns unser Büro oder Wohnzimmer das Gefühl vermittelt: „Hier gehörst du hin, hier bist du geborgen", desto beruhigter sind wir.

Das liegt vor allem an der Menschheitsgeschichte. Früher lebten wir nämlich nicht in wärmeschutzgedämmten Doppelhaushälften mit VDSL-Anschluss und prall gefüllten Kühl-Gefrierschränken mit 538 L Fassungsvermögen. Wir waren ständig on the road, quasi Dauer-Camping – nur halt ohne Wohnmobil und Stau am Brenner. Stets auf der Suche nach Nahrung und sicherem Unterschlupf, wechselten wir öfter mal die Location. Die Infrastruktur bestand selten aus asphaltierten Wegen mit Straßenbegleitgrün – häufiger traf man auf unwegsames Gelände. Sümpfe, Moore, Gebirge, reißende Flüsse und dichte Wälder waren zu durchqueren, wenn wir abends eine Grillparty mit Steppenmammutsteaks und Wollnashornwürstchen veranstalten wollten. Dabei lauerte überall Gefahr. Aus jeder Ecke konnte ein testosterongesteuerter Schneeleopard springen oder ein Zeuge Jehovas aus dem Gebüsch auftauchen und einem ein Gespräch über die Existenz Gottes aufdrängen. Um es kurz zu machen: Die meiste Zeit fühlten wir uns ziemlich unsicher, nur in der höher gelegenen Höhle mit Zentralheizung und Whirlpool durften wir uns einigermaßen entspannt zurücklehnen, weil kaum mit Bedrohungen zu rechnen war.

Mit anderen Worten: Eine vertraute Umgebung verschaffte uns Sicherheit. Genau das ist es, was wir auch heute noch empfinden, wenn wir daheim sind. Selbst im beginnenden 21. Jahrhundert geht es uns noch so: Wenn wir in eine fremde Gegend oder Örtlichkeit kommen – und sei es nur das Büro eines Kunden –, sind wir deutlich angespannter als in gewohntem Terrain. Unser Zuhause (im Privaten die Wohnung, im Job der Arbeitsplatz) ist also unsere „Safety Zone". Dabei erfüllt unser Heim umso mehr die Funktion eines Rückzugsorts, je mehr es so gestaltet ist, wie es unseren Vorstellungen entspricht.

Dabei geht es gar nicht darum, wie genau die Einrichtung aussieht. Der eine gestaltet sein Domizil als Abbild einer toskanischen Villa, ein anderer als IKEA-Showroom und ein Dritter in glänzend-goldenem Barock-Prunk. Erlaubt ist, was gefällt. So haben GEMs auch keinen bevorzugten Wohnstil (obwohl sie eher

30 Gelassene Menschen schaffen ...

zu klaren Linien und zu einem spartanischen Style tendieren). Was ihnen wichtig ist: ein bisschen Ordnung. Denn: Äußere Ordnung soll ja zu innerer Ordnung führen.

Aber was heißt schon innere Ordnung? Dass die beiden Lungenflügel perfekt symmetrisch ausgerichtet sind, dass die Nieren im exakten 90-Grad-Winkel zur Leber liegen sowie dass Aorta und Hohlvene parallel verlaufen? Hmm, ich weiß es nicht, was sich hinter diesem schwammigen Begriff der inneren Ordnung verbirgt. Vielleicht hat ja der französische Schriftsteller Albert Camus (1913–1960) recht, der meinte:

> Äußere Ordnung ist oft nur der verzweifelte Versuch, mit einer großen inneren Unordnung fertig zu werden.

Eventuell war Camus aber auch nur der größte Schlamper unter der Sonne und suchte eine philosophisch wohlklingende Begründung für das Chaos in seiner Schreibstube? Egal, GEMs sind davon überzeugt, dass es ein Mindestmaß an Ordnung braucht, damit der Geist Ruhe findet. Sie folgen damit dem Gedankengut der italienischen Pädagogin Maria Montessori (1870–1952), die der Auffassung war, dass Kinder eine sorgfältig gestaltete äußere Umgebung brauchen, damit sich ihre innere Ordnung entfalten kann. Eine dementsprechend hohe Bedeutung hat die Gestaltung der Umgebung in den Schulen, die nach Montessoris Prinzipien unterrichten.

Man muss ja nicht so weit gehen wie der Schweizer Kabarettist und Fotokünstler Ursus Wehrli. Der räumt in seinen Fotos schrecklich gern auf. Da sortiert er alle Kinder auf einem Schulhof und lässt sie nach Farbe ihrer Oberteile in Reihen legen oder bringt die Nudeln in einer Buchstabensuppe in alphabetische Reihenfolge. Einfach mal googlen! GEMs jedenfalls sind keine manischen

Ordnungsverfechter, jedoch bemühen sie sich um ein halbwegs aufgeräumtes Zuhause und einen Arbeitsplatz, bei dem sich die Akten nicht bis zu Mittelgebirgshöhen stapeln. Was sie vermeiden wollen: Dass ihnen aus jeder Ecke zugerufen wird: „Ich bin noch zu erledigen" – „Ich bin noch zu verstauen, hier gehöre ich nicht hin" – „Ich bin kaputt, bring mich zur Reparatur".

Doch wie schaut's in unseren Wohnungen aus? Vor dem Haus lehnen Fahrräder, die eigentlich in die Garage gehören. Vor der Tür stapeln sich müffelnde und verdreckte Schuhe. Im Flur warten leere Bier- und Wasserkisten darauf, endlich wieder zum Getränkehändler heimkehren zu dürfen. An der Garderobe hängen auch im Hochsommer noch die Wintermäntel und -jacken sämtlicher Familienmitglieder, und in der Küchenecke hat der Stapel mit gelesenen Zeitungen die einsturzgefährdete Höhe von 1,37 m erreicht.

GEMs würden sich in einer solchen Wohnung die Fußnägel nach oben rollen und sofort damit beginnen aufzuräumen. Dies tun sie mit Vorliebe, auch wenn sie ja eigentlich eher ein bisschen faul sind, wie Sie vor kurzem gelesen haben. Aber das ist die schon so oft erwähnte Schizophrenie der GEMs. Jedenfalls würden sie sich sofort einen großen Müllsack schnappen und eine große Entrümpelungsaktion starten. Dieses Ausmisten wirkt befreiend und fördert manche Überraschung zutage. Was man da so alles findet – auf einmal taucht das seit einem halben Jahr vermisste Zwergkaninchen in der Sofaritze auf, und das ewig gesuchte Gebiss von Opa grinst einen aus der untersten Schublade des Schuhschranks an (keine Ahnung, wie es dort hinkam). Aber bitte aufpassen! Wer's mit dem Aufräumen übertreibt, kann damit leichtfertig die Chance auf den nächsten Nobelpreis verspielen! Alexander Fleming hat 1928 das Penicillin nur entdeckt (und dafür später den Nobelpreis erhalten), weil er vergessen hatte, vor seinem Sommerurlaub Proben im Labor wegzuwerfen.

Bringen wir es auf den Punkt: Ordnung ist zwar nur das halbe Leben. Allerdings hilft sie, die andere Hälfte unbeschwerter und gelassener zu verbringen.

31

Gelassene Menschen bewegen sich regelmäßig

Wenn Buddha tatsächlich so ausgesehen hat, wie ihn die auch inzwischen hierzulande allgegenwärtigen Statuen abbilden, dann darf wohl angenommen werden, dass er nicht jeden Morgen eine Stunde um den Baum der Erkenntnis gejoggt ist. Auch wird er vermutlich nicht regelmäßig bei HotIron2 im Varanasi FitnessCenter seinen Trizeps gestählt haben. Jetzt den Schluss zu ziehen, gelassene Menschen würden sich nur so viel bewegen, wie es unbedingt erforderlich ist, wäre jedoch voreilig. Denn dies ist eine der ganz wenigen wirklich wissenschaftlich fundierten Erkenntnisse, die die Glücksforschung und Medizin anzubieten haben: Wer sich ausreichend bewegt, verlängert nicht nur seine Lebenserwartung (vgl. Müller-Lissner 2012), sondern steigert auch sein allgemeines Wohlbefinden und ist weniger leicht reizbar.

Der Zusammenhang ist banal: Wer sich in einer guten Konstitution befindet, dem gehen körperliche sowie geistige (!) Tätigkeiten leichter von der Hand und der ist vor allem ausgeglichener sowie stresstoleranter. Wer faul auf dem Sofa hockt, schädigt nicht nur seine Knochen, sondern auch Lunge, Herz und Darm. Wird der Körper nicht genügend beansprucht, verliert das Blut einen Teil seiner Fähigkeit, Sauerstoff zu transportieren. Die Lungen büßen an Elastizität ein, sind weniger dehnbar und können nicht mehr so viel Luft ventilieren. Besonders sensibel reagiert das Herz, das seine Pump- und Schlagkraft verändert und die Trägheit mit einem schnelleren Rhythmus auszugleichen versucht. Auch das Immunsystem macht schlapp und bietet eine größere Angriffsfläche für Infekte. Nicht zuletzt sind Verdauungsprobleme häufig eine direkte Folge von Bewegungsmangel. Denn: Genauso wie der Mensch insgesamt träge wird, verlangsamt auch der Darm sein Tempo. Völlegefühl und Blähungen sind die unangenehmen Konsequenzen; die Nahrung verweilt zu lange im Darm und damit die darin enthaltenen giftigen Stoffe. Plakativ gesagt: Bewegungsmuffel furzen mehr als Aktive.

Das waren jetzt nur die körperlichen Begleiterscheinungen. Nun zu den psychischen: Prof. Dr. Hans-Georg Predel von der Deutschen Sporthochschule Köln erläutert, dass Bewegungsmangel zu einer Trägheit im Denkprozess führt. Die Leistungsbereitschaft lässt genauso stark nach wie die Aufmerksamkeit. Das Kurzzeitgedächtnis läuft nicht mehr rund und sogar so einfache Fähigkeiten wie Sprechen, Schreiben und Reden fallen schwer. „Wer drei Wochen nur auf der faulen Haut liegt, vermindert seine kognitiven Fähigkeiten um 20 bis 30 Prozent", behauptet Predel (Ohne Verfasser 2007). Weiterhin drückt Bewegungsmangel auf die Stimmung: Depressive Verstimmungen, schlechte Laune und eine schwermütige Weltsicht sind oftmals auf fehlende körperliche Aktivität zurückzuführen. Wenn man jedoch Sport

31 Gelassene Menschen bewegen sich regelmäßig

treibt, werden im Gehirn vermehrt Endorphine und Enkephaline gebildet. Auch körpereigene Morphine werden produziert. Diese Glückshormone sorgen für eine bessere Stimmung.

Man muss kein Psychologe oder Internist sein, um die negativen Auswirkungen von Bewegungsmangel auf das Wohlbefinden erkennen zu können. Doch bereits bei der Frage nach der „richtigen" Art der Bewegung teilen sich die Meinungen. So vertreten manche Wissenschaftler die Meinung, dass Sport, der keinen Spaß macht und mit Widerwillen betrieben wird, so gut wie keinen Effekt auf die Gesundheit hat, zumindest nicht zur Regeneration beiträgt. Auch die Intensität des Trainings wird hinterfragt. Viel hilft nicht unbedingt viel, wie Christian Gruber (2013) berichtet:

> Nach der Auswertung zweier US-Erhebungen mit rund 30.000 Läufern und knapp 16.000 Walkern stellten ... Forscher fest: Für die Gesundheit ist es egal, ob man rennt oder geht.

All das ist GEMs bewusst – deshalb hängt an ihrem Badezimmerspiegel ein Zitat von Sebastian Kneipp:

> Wer keine Zeit für seine Gesundheit hat, wird eines Tages Zeit haben müssen, krank zu sein.

Diese Erkenntnis motiviert sie, sich im Alltag ausreichend zu bewegen und regelmäßig Sport zu treiben. Und damit ist nicht Extremstcouching oder Bundesligakucken gemeint. Nein, GEMs spielen Volleyball, strampeln auf dem Mountainbike oder verbiegen sich ihre Knochen beim Yoga. Sie ziehen im städtischen Hallenbad ihre Bahnen, sie üben sich im Gummistiefelweitwurf und schwitzen beim Zumbakurs. Im Alltag versuchen sie, so viel wie möglich zu gehen – sie nehmen die Treppe statt den Aufzug, sie parken nicht möglichst nahe am Firmeneingang, sondern auf dem entferntesten Parkplatz, und wenn sie mit dem Bus unterwegs sind, steigen sie eine Haltestelle früher aus. Statt mit dem Auto fahren sie die zwei Kilometer zur Post mit dem Rad, und die kleine Chantal-Marie bringen sie nicht mit dem Audi Q7, sondern zu Fuß in den Kindergarten.

Werden GEMs gefragt, ob sie es mögen, Sport zu treiben, dann antworten sie nicht: „Natürlich mache ich gerne Sport. Deshalb auch so selten. Soll ja was Besonderes bleiben." Vielmehr zucken sie leicht irritiert mit den Schultern, schließlich ist Sport ein selbstverständlicher Bestandteil ihres Alltages. Natürlich müssen sie sich auch hin und wieder überwinden und den inneren Schweinehund niederringen, doch meist freuen sie sich darauf, ihren Puls hochtreiben zu können. Sie genießen das Gefühl, das sich einstellt, wenn man bis an seine Belastungsgrenze gegangen ist, dieses zutiefst befriedigende Gefühl, etwas „geschafft" zu haben.

Gerade wenn es GEMs mal nicht so gut geht, wenn sie besonders viel Stress auf der Arbeit hatten oder der Partner nur rumzickt, dann ziehen sie ihre Joggingschuhe an und laufen sich ihren Frust von der Seele. Das wirkt! Wenn wir auf diese Weise körperlich aktiv sind, wird nämlich das Stresshormon Cortisol abgebaut. Dabei müsste es gar nicht schweißtreibendes Rennen sein, vergnügtes Staubsaugen oder beschwingtes Rasenmähen täten es auch.

32

Gelassene Menschen betreiben Körperpflege

Das darf man jetzt nicht zu wörtlich nehmen – es ist davon auszugehen, dass auch Menschen, die gewaltig unter Strom stehen, nicht auf die morgendliche Dusche verzichten und ein Deo benutzen. Das ist nicht mit „Körperpflege" gemeint, sondern dahin gehend zu verstehen, dass GEMs ihren Körper pflegen, im Sinne von: ihn achten und sorgsam behandeln. GEMs ist ihr Körper wichtig, nicht weil sie eine Karriere als Unterwäsche-Modell anstreben oder im Pornobusiness arbeiten wollen, vielmehr weil sie einer Empfehlung der spanischen Kirchenlehrerin und Mystikerin Teresa von Ávila (1515–1582) folgen:

Tue deinem Körper Gutes, damit deine Seele Lust hat, darin zu wohnen.

Dieser enge Zusammenhang zwischen körperlichem und seelischem Wohlbefinden ist uns allen doch nur zu bewusst. Insbesondere wir Männer kennen das. Ein Schnupfen ist eine Nahtoderfahrung, bei dem uns vor Augen geführt wird, wie bedeutsam doch die Gesundheit ist. Es bedarf nur eines vergleichsweise geringen Leidens und wir werden wieder daran erinnert, dass der Körper mehr ist als ein Apparat, der das Gehirn spazieren trägt. Geht es uns körperlich nicht gut, seien es Hals- oder Kopfschmerzen, sind wir fast zwangsläufig weniger belastbar und leichter zu reizen. Was ich sagen will: Wer seinen Körper verwöhnt, der tut gleichzeitig etwas für seine seelische Gesundheit.

Was machen nun GEMs, um ihren Körper zu verwöhnen? Fangen wir mit dem vielleicht wichtigsten und zugleich günstigsten „Werkzeug" an – dem Schlaf! Tagtäglich erscheinen unzählige Menschen besoffen zum Dienst. Ich meine das nicht wörtlich, sondern im übertragenen Sinn. Denn: Schlafexperten haben herausgefunden, dass jemand, der eine Woche lang nur vier oder fünf Stunden pro Tag schläft, seine Leistung genauso stark mindert, wie dies bei einem Blutalkoholspiegel von 1,0 Promille der Fall ist. Es gehört nicht hierher, aber ich möchte es dennoch sagen: Bei vielen unserer Politiker, die regelmäßig zu wenig schlafen, frage ich mich, wie klar sie noch denken können.

Während alkoholisierte Kollegen selten für ihren Zustand Applaus erhalten, ist dies hingegen bei Wenigschläfern oft der Fall – nahezu glorifiziert wird derjenige, der (scheinbar) mit wenig Schlaf auskommt. Offenbar hat sich noch immer nicht herumgesprochen, dass zu wenig Schlaf das Gegenteil dessen bewirkt, was damit beabsichtigt wird. Fest steht nämlich: Während wir schlafen, erholen sich Körper und Seele, sodass wir entspannter und leistungsfähiger werden.

32 Gelassene Menschen betreiben Körperpflege

Was heißt nun „ausreichend" schlafen? Jeder Mensch hat ein individuelles Schlafbedürfnis – der eine braucht täglich mindestens neun Stunden Bettruhe, um fit zu sein, dem anderen langen sechs Stunden. Von Albert Einstein wird berichtet, dass er durchschnittlich 14 Stunden in den Federn gelegen hat, während Napoleon angeblich mit nur vier Stunden Schlaf auskam. Gut, so ein Feldzug durch Europa ist halt längst nicht so anstrengend wie am Schreibtisch zu hocken und drei Buchstaben hinzukritzeln. Ist ja eigentlich auch wurscht, wie lange die Knaben geschlafen haben – GEMs achten jedenfalls darauf, dass sie so viel Schlaf abbekommen, wie ihr Körper braucht, ob das jetzt sieben oder zehn Stunden sind.

Was machen GEMs noch, außer genügend zu schlafen, um ihren Körper zu pflegen? Sie genießen jegliche Art von Wellness und Kosmetik. Ob Sauna, Spa, Mani- oder Pediküre, ob Kohlrabi-Avocado-Klärschlamm-Maske, Olivenöl- Kaffeesatz-Meersalz-Peeling oder Mandelblüten-Vollmilch-Essiggurken-Honig-Vollbad – alles, was ihren Körper erfreut, gönnen sie sich. Statt mit ALDI-Bodylotion salben sie sich mit konservierungs-allergen-tierversuchs-alkoholfreien Produkten aus der Naturdrogerie, und statt sich mit Billigst-Parfum (Note „Toter-Fisch-Iltis-Schweiß") zu bestäuben, legen sie einen zarten Pfirsich-Bergamotte-Duft auf. Okay, okay – nicht jeder GEM gibt die Hälfte seines Monatsgehalts für Kosmetika und Schönheitsbehandlungen aus; manch einer verwendet ganz normale Produkte und diese auch nur in Maßen, doch ein gepflegtes Äußeres ist auch ihm wichtig.

Körperpflege beziehungsweise Gesundheit bedeutet freilich mehr, als nur auszuschlafen und die kosmetische Industrie zu unterstützen – das heißt vor allem, keinen Raubbau an seinem Körper zu betreiben. GEMs rauchen daher keine zwei Schachteln Roth-Händle am Tag. Die kommen auch mit einer aus. Und die saufen auch nicht vor der ersten Mahlzeit Doppelkorn. Damit warten sie, bis sie das Frühstücksbier leer getrunken haben. Tja, GEMs sind halt maßvolle Personen. Das gilt auch für Neuro-Enhancer, Drogen und ähnliche Substanzen, die in Bahnhofsnähe zu erstehen sind. Hiervon halten sich GEMs wirklich fern, unter anderem auch deshalb, weil sie kein Geld dafür haben – selbiges haben sie ja in Hara-Awareness-Massagen und tibetische Klangschalen-Therapien investiert.

Wofür jedoch immer ein paar Euro übrig sind: eine professionelle Zahnreinigung. Ja! Eine Zahnreinigung! Und das nicht nur aus optischen Gründen (wobei GEMs gepflegte Zähne durchaus wichtig sind). Es ist nämlich so, dass sehr viele Krankheiten ihre Ursachen im Gebiss haben. Ohne Mist – schon Paracelsus (1493–1541) erkannte:

An jedem Zahn hängt ein ganzer Mensch.

Es ist wissenschaftlich erwiesen, dass es einen Zusammenhang zwischen Parodontitis und Herz-Kreislauf-Erkrankungen wie Herzinfarkt und Schlaganfall sowie Alzheimer gibt. Wenn Opa heute mit Hausschuhen und Doppelrippunterhemd durch die Fußgängerzone schlurft, hat er vielleicht als Kind die Zähne nicht ordentlich geputzt. Oder ein gestörtes Kiefergelenk: Das kann zu Nacken-, Rücken- und Kopfschmerzen oder Ohrgeräuschen (Tinnitus) führen. Pfeift es im Ohr, muss das nicht der Teekessel sein, sondern das liegt vielleicht an Ihrem nicht behandelten Überbiss.

Ein Letztes, was GEMs in Sachen Körperpflege wichtig ist: Sie legen Wert auf ihre Kleidung. Gut, das hat nur indirekt was mit Gesundheit zu tun, wohl aber mit dem seelischen Wohlbefinden. Ralph Waldo Emerson (1803–1882), US-amerikanischer Philosoph, beschrieb den Zusammenhang folgendermaßen:

32 Gelassene Menschen betreiben Körperpflege

Aus dem Bewusstsein, gut angezogen zu sein, empfängt eine Frau mehr innere Ruhe als aus religiöser Überzeugung.

Das kennen wir doch alle – es gibt Klamotten, in denen fühlen wir uns unbesiegbar, wunderschön und unwiderstehlich. Und dann gibt es Zeugs, darin kommen wir uns vor wie Oskar aus der Tonne: schäbig, unvorteilhaft und hässlich. Dennoch ziehen wir den grau-lila-orange gescheckten Pullover immer wieder an: „Der hat doch so viel gekostet, das wär zu schad', den wegzutun." GEMs kennen so ein Denken nicht. Die verticken den Pullover auf eBay und legen ganz konsequent nur die Kleidungsstücke an, in denen sie sich uneingeschränkt wohlfühlen, weil sie wissen, dass sie dadurch ihr Selbstwertgefühl und dementsprechend ihr seelisches Wohlbefinden steigern.

33

Gelassene Menschen achten auf ihre Körperhaltung

Der US-amerikanische Psychologe und Philosoph William James (1842–1910) stellte im 19. Jahrhundert die These auf, dass Menschen in der Lage sind, jedes beliebige (erwünschte) Gefühl dadurch zu erzeugen, dass sie sich so verhalten, als ob sie dieses Gefühl erlebten. Deshalb spricht man auch von der „Als-ob-Theorie". Letztlich ist es eine radikale Umkehrung des Zusammenhangs, wonach ein bestimmtes Gefühl („ich bin traurig") ein bestimmtes Verhalten („ich schaue betrübt und lasse die Schultern hängen") bedingt. James behauptet, dass es auch umgedreht geht. Er empfiehlt: Wenn Sie eine bestimmte Eigenschaft haben wollen, handeln Sie so, als ob Sie sie schon hätten.

Zugegebenermaßen hört sich das ziemlich abstrus an. Wenn ich also zum Beispiel energiegeladen und vital sein will, dann soll ich so tun, als ob meine Lebenssäfte nur so wallen. Nun, ich hab das mal am Morgen nach einem heftigen Schoppen mit meinen Freunden Michel und Thomas probiert. Leider Fehlanzeige. So sehr ich mir wünschte, einfach so aus dem Bett zu hüpfen und voller Schwung in den Tag zu starten, so sehr versagte James' Hypothese hier. Mein Kater und heftige Gliederschmerzen zwangen mich, die Decke über den Schädel zu ziehen und die nächsten Stunden leidend im Bett zu verbringen. Na ja, vielleicht habe ich einfach den falschen Zeitpunkt zum Testen der Theorie gewählt, denn eigentlich ist diese These durch zahlreiche Studien und Experimente sehr gut belegt.

Stellvertretend dafür sei eine Untersuchung von Erik Peper, Professor an der San Francisco State University, genannt (vgl. Mai 2014). Danach können wir unsere Stimmung und Energie durch einen einfachen Wechsel der Körperhaltung verändern. Peper hatte dazu Studenten gebeten, einen Gang entlangzulaufen: auf dem Hinweg in eher schlaffer Haltung, auf dem Rückweg in aufrechter Position. Am Ende jeder Teilstrecke wurden die Studenten gefragt, wie sie ihren eigenen Energielevel beurteilten. Das Ergebnis: Auf dem Hinweg verschlechterte er sich merklich für alle, zurück passierte das genaue Gegenteil. Das Gleiche galt für die Stimmung – die Körperhaltung beeinflusste die Laune maßgeblich.

Verhalten verursacht also Emotionen. Aufgegriffen hat diesen Gedanken Richard Wiseman, Professor an der University of Hertfordshire. In seinem Buch „Machen, nicht denken!" (2013, S. 372) widmet er sich ausführlich der Darstellung sowie wissenschaftlichen Begründung von James' Theorie und empfiehlt:

> Spannen Sie Ihre Muskeln an, und Sie entwickeln augenblicklich Willensstärke, zwingen Sie Ihr Gesicht zu lächeln, und Sie fühlen sich glücklicher, stehen Sie gerade, und Sie werden selbstsicherer.

GEMs kennen die Als-ob-Theorie und setzen sie im Alltag um, insbesondere dann, wenn sie schwierige Situationen zu meistern haben. Dann wenden sie vor allem eine Empfehlung von Professor Amy Cuddy (Harvard Business School) an. Sie hat nämlich herausgefunden, dass eine dominante, öffnende Geste – sie spricht von „High Power Pose" – signifikante Auswirkungen auf unsere Biochemie hat. Wer eine kurze Zeit (zwei Minuten reichen schon) in dieser Pose verharrt, dessen Testosteronspiegel steigt und der Cortisolwert sinkt. Beides zusammen bewirkt, dass wir uns selbstsicherer fühlen, weniger Stress empfinden und auf diese Weise erfolgreicher werden. In verschiedenen Experimenten – unter anderem in fingierten Bewerbungsgesprächen – hat Cuddy nachgewiesen, dass dieser Zusammenhang bei nahezu allen Menschen gültig ist (vgl. Blodget 2013; Cuddy 2016; Cuddy et al. 2012). Wenn Sie nun neugierig sind und wissen wollen, wie diese „High Power Pose" aussieht, dann googlen Sie doch einfach „TED High Power Pose".

Man kann solchen Tipps skeptisch gegenüberstehen, man kann es jedoch auch mal versuchen – die Nebenwirkungen sind beschränkt. Okay, man macht sich vielleicht ein bisschen lächerlich, wenn man sich im Großraumbüro hinstellt, die Arme nach oben reißt und eine Zeit lang in dieser Position verharrt. Aber GEMs ist das egal – solange es hilft, gelassener zu werden.

Was weniger Deppengefährdungspotenzial hat und dazu noch leichter anzuwenden ist: einfach lachen. Oder zumindest lächeln. Ihnen fährt im Supermarkt ein ungefähr 20 Jahre alter Typ, mit Oberarmen so dick wie Mario Gomez' Oberschenkel, finsterem Blick und Springerstiefeln, von hinten mit seinem Einkaufswagen direkt in die Kniekehlen. Einfach lächeln und Ihrem Instinkt widerstehen, dem Arsch auf die Fresse zu hauen.

Lächeln kann in einer solchen Situation gesundheitsfördernd, vielleicht sogar lebensverlängernd wirken.

Generell ist Humor ein hervorragendes Mittel, um den alltäglichen Wahnsinn zu überleben. GEMs sind daher äußerst humorvolle Menschen. Die lachen sogar über Witze von Oliver Pocher und gehen ins Lachyoga. Da trifft man sich mit anderen Menschen und lacht grundlos eine Stunde lang. Glaubt man Teilnehmern solcher Sessions, dann wirkt das tatsächlich. Gelotologen (das sind Wissenschaftler, die sich ernsthaft mit dem Lachen beschäftigen) haben nämlich herausgefunden, dass Lachen Stress abbaut, die Abwehrkräfte stärkt, die Stimmung hebt, den Blutdruck senkt und Schmerzen lindert. Mehr als das: Wer öfter lacht, ist beruflich erfolgreicher, gesünder, produktiver und sogar kreativer. Das wussten schon die alten Japaner – ein Sprichwort aus dem Land der aufgehenden Sonne (und übrigens mein Lebensmotto) lautet:

> Das Glück kommt zu denen, die lachen.

Zur Körperhaltung gehört auch die Art und Weise, wie man atmet. Für GEMs ist die Atmung sogar von höchster Bedeutung. Die wissen: Wenn wir nicht atmen, kippen wir um und sind tot. Also: Atmen nicht vergessen! Dabei darauf achten, in einer speziellen Form Luft zu holen, nämlich mit der 4-6-8-Methode: Langsam und tief einatmen, bis vier zählen, die Luft anhalten und dabei bis sechs zählen, langsam durch den Mund ausatmen und bis acht zählen. So trivial es vielleicht klingt: Wenn wir unter Stress stehen, uns eine Situation überfordert, wir nervös oder auch ängstlich sind, geht unsere Atmung schnell und flach. Durch gezielt tiefes Atmen können wir aber Stress, Anspannung – ja sogar Angst – regelrecht wegatmen. Warum ist das so? Weil für unsere Gefühle Körperreaktionen verantwortlich sind – und indem man tief durchatmet, kann man dem Körper zeigen, dass die Situation „nicht so schlimm" ist.

34

Gelassene Menschen pflegen Freundschaften

Freunde des Hopfen- und Rebensaftes aufgepasst: Es folgt eine seriöse Begründung dafür, warum es völlig okay ist, sich hin und wieder zusammen mit den Kumpels die Festplatte zu formatieren: Soziale Beziehungen sind einer der wichtigsten Schlüssel zum Glück. Das ist so ziemlich das Einzige, worauf sich alle Experten, die sich mit Gelassenheit, Zufriedenheit und Stress beschäftigen, einigen können, von den Psychologen bis zu den Ökonomen. „Soziale Beziehungen" ist ein etwas sperriger Begriff für Freunde. Für alle nach 1990 Geborenen: Freunde sind was anderes als Facebook-Bekanntschaften und Instagram-Follower. Als ich Kind war, hieß mein Soziales Netzwerk „draußen". Reale Freunde sind Menschen, denen wir in der Schul-/Studienzeit, im Fußballverein oder auf der Party eines Bekannten begegnet sind und zu denen wir uns hingezogen fühlen, mit denen wir

Interessen und Werte teilen, die uns selbstlos helfen und die uns im Laufe der Zeit immer vertrauter werden.

Die etwas älteren Leser erinnern sich vielleicht noch an den Film „Die Drei von der Tankstelle" mit dem legendären Heinz Rühmann. Vielen unvergessen ist eines der Lieder aus dem Film – „Ein Freund, ein guter Freund". Für alle Millennials: Einfach mal bei Youtube den Titel eingeben und reinschauen. In der ersten Strophe heißt es:

> Ein Freund, ein guter Freund,
> das ist das Beste, was es gibt auf der Welt.
> Ein Freund bleibt immer Freund,
> auch wenn die ganze Welt zusammenfällt.

Der Schlager ist nun schon über 80 Jahre alt – am Sinngehalt hat sich nichts geändert. Während man keinen Einfluss darauf hat, wer zum Familien- und Kollegenkreis zählt, so ist das bei Freunden anders. Der britische Schauspieler Sir Peter Ustinov (1921–2004) formuliert so knapp, wie treffend:

> Freunde sind die Familie, die wir uns selber aussuchen.

Manche Menschen haben das Glück, in eine tolle Familie hineingeboren zu werden und ein Leben lang von starken Beziehungen zu nahen Verwandten zu profitieren. Doch nicht jedem wird das geschenkt. Die haben echte Klappspaten, Psychopathen, Egomanen, Choleriker und anderweitig Gestörte als Eltern, Geschwister, Onkel und Cousinen. Hier gibt die Forschung Entwarnung: Freundschaften können kaputte Familien kompensieren, wie eine Untersuchung mit ca. 300 Deutschen beweist. Personen mit zahlreichen engen, familiären Bindungen hatten eine geringere Anzahl an Freunden, während Studienteilnehmer

34 Gelassene Menschen pflegen Freundschaften

mit wenigen Familienkontakten tendenziell über mehr Freunde verfügten. Den Freunden fühlten sich die Befragten umso näher, je distanzierter die familiären Beziehungen waren. Die Befragten mit schlechten Familienbeziehungen, aber guten Freunden, waren genauso zufrieden mit ihrem Leben wie jene, die eine intakte Familie besitzen (vgl. Wrzus et al. 2011).

Was hat das jetzt mit Gelassenheit zu tun? Recht viel! In der wissenschaftlichen und populären Literatur wird immer wieder hervorgehoben, wie bedeutsam gute soziale Bindungen sind, um Stress abzubauen beziehungsweise gar nicht erst entstehen zu lassen. Je mehr gute Freunde wir haben, desto zufriedener sind wir mit unserem Leben. Stefan Klein (2013, S. 276) weiß:

> Bindungen an andere sind einer der wenigen äußeren Faktoren, die unter praktisch allen Umständen die Lebenszufriedenheit steigern … Von vergleichbarer Wirkung sind allein die Qualität der Partnerbeziehung, die Häufigkeit von Sex und körperlicher Bewegung.

Mehr als das: Wahre Freundschaften geben uns das Gefühl von Verlässlichkeit, Vertrauen und Geborgenheit. Sie verlängern sogar unser Leben. Eine breit angelegt Studie an der Brigham Young University im US-Bundesstaat Utah, bei der Daten von mehr als 300.000 Menschen ausgewertet wurden, zeigt: Personen mit einem guten Freundes- und Bekanntenkreis werden älter und besitzen eine höhere Lebensqualität als Menschen mit einem vergleichsweise schlechten sozialen Umfeld (vgl. Holt-Lunstad 2010).

Professor Franz J. Neyer, Psychologe an der Universität Jena, stellt nach mehr als 20 Jahren Forschung fest: Echte soziale Unterstützung wie unter Freunden federt jede Form von Stress ab. Freunde sorgen für Wohlbefinden und stärken die Abwehrkräfte von Körper sowie Seele (vgl. Hauschild 2014). Eine Studie an der Universität Utrecht mit knapp 25.000 Menschen bestätigt diese Aussage: Studienteilnehmer mit Freunden fühlten sich weniger gestresst und gesünder als jene ohne Kumpels. Dabei zeigte sich auch: Das Wohlbefinden ist vor allem dann dauerhaft auf einem hohen Niveau, wenn man die Freunde oft persönlich trifft und nicht (nur) per Telefon oder Internet mit ihnen verkehrt (vgl. van der Horst und Coffé 2012).

Menschen mit belastbaren Freundschaften sind auch besser vor psychischen Erkrankungen geschützt. Professor Michael Linden, Psychiater und Neurologe an der Charité Universitätsmedizin Berlin, meint (zitiert nach Hauschild 2014):

> Ob ein Erwachsener nach einem traumatischen Erlebnis wie einem gewalttätigen Angriff oder einem Autounfall psychisch erkrankt, hängt beispielsweise weniger davon ab, wie schlimm die Erfahrung war, sondern wie gut der Betroffene danach durch sein soziales Umfeld aufgefangen wird.

Also: Der beste Weg, nicht in die Klapse zu kommen, ist es, seine Freundschaften zu pflegen. Diese geben uns nicht nur Halt, sie helfen auch bei der Selbsterkenntnis. Im Englischen heißt es nicht zu Unrecht:

> The best mirror is an old friend.

Gute Freunde sagen einem oft unverblümt, wenn man Mist gebaut hat oder mit seiner Meinung geradewegs in eine Sackgasse hineinsteuert. Okay, manche Freunde nörgeln zu oft und zu penetrant an einem rum – dann waren es aber auch die längste Zeit Freunde. Wahre

34 Gelassene Menschen pflegen Freundschaften

Buddys schlagen den richtigen Ton an und meinen es mit ihrer Kritik nur gut. Sie wollen uns vor Fehlern bewahren und uns helfen, die richtigen Entscheidungen zu treffen.

Bei all den positiven Wirkungen, die Freundschaften haben, ist die Empfehlung nur zu klar. Deshalb nehmen sich GEMs ausreichend Zeit für ihre Freunde und denken an diese russische Weisheit:

> Wer sich keine Zeit für seine Freunde nimmt, dem nimmt die Zeit die Freunde.

So, nun können Sie, da ich Sie mit zahlreichen wissenschaftlichen Argumenten munitioniert habe, ruhigen Gewissens mit Ihren Spezis um die Häuser ziehen und mal so richtig einen klar machen. Kommt Ihnen Ihr Partner dann später zu Hause irgendwie blöd und meint, Sie seien voll wie eine Haubitze, dann können Sie entgegnen: „Isch hab dasss doch nur gemachd, um meine sossialen Besiehungen su stärken und gelassener su werdden."

35

Gelassene Menschen meiden Miesepeter

Gerade eben haben wir uns mit dem Thema „Freunde" beschäftigt. Wollen wir direkt im Anschluss auch die Kehrseite betrachten! Sicher kennen Sie das Gefühl: Wenn Sie mit gut gelaunten, sympathischen Menschen zusammen sind, geht es Ihnen selbst automatisch besser. Auch umgedreht gilt dieser Zusammenhang: Miesepeter stecken uns mit ihrer schlechten Laune an – „emotional contagion" nennen das Psychologen (vgl. Carlin 2019).

Als ich vor ein paar Jahren in Kapstadt war, regnete es tagelang. Das hatte ich mir anders vorgestellt. Im November wollte ich auf der Südhalbkugel Sonne tanken und nicht dasselbe armselige Wetter haben wie zu Hause. Egal, ich machte das Beste daraus. Statt Tafelberg schon mittags Tafelwein. Außerdem frönte ich meiner Lieblingsbeschäftigung und suchte Buchhandlungen auf. In einer entdeckte ich ein fantastisches Büchlein. Geschrieben hatte es John Hunt (2009, S. 19 f.), ein südafrikanischer

Drehbuchautor, der zugleich Kreativdirektor der Agentur TBWA ist. In „The Art of The Idea" stellt Hunt fest:

> You get sunrise or sunset people. A sunriser gives you energy, a sunsetter sucks it away. A sunriser goes through life open to the idea that the best may still be coming. A sunset person is heavy in the knowledge that the best is past.

Ja, genauso ist es: Es gibt Sonnenaufgangsmenschen, die Wärme, Licht und Energie in Ihr Leben bringen. Und dann haben wir das krasse Gegenteil, nämlich die Sonnenuntergangspersonen, die Kälte, Dunkelheit und Resignation im Gepäck haben. GEMs versuchen deshalb, wann immer es geht, Zusammenkünfte mit Sonnenuntergangsmenschen zu vermeiden. Sie gehen Wesen aus dem Weg, die ihnen nicht guttun, weil sie ständig nörgeln, kritisieren, lästern, andere nichts gelten lassen, Gerüchte in die Welt setzen oder überall das Schlechte sehen: „Was soll denn gut daran sein, dass wir den Auftrag gewonnen haben. Jetzt kommt wieder ein Haufen Arbeit auf uns zu." „Mach die Jalousien runter – die bekloppte Sonne blendet mich." „Also, die Ott, wie die sich in der Besprechung wieder aufgeblasen hat. Einfach nur widerlich. Meint, sie wär' was Besseres, nur weil sie studiert hat." „Du, ich glaub die Winterscheidts haben ihren toten Kater im Garten verbuddelt – gestern Nacht hab' ich ihn gesehen, wie er mit dem Spaten rausgegangen ist." Leute, die so reden, sind meist voller Neid, Hass, Eifersucht, Rechthaberei und weiß der Teufel von welchen anderen negativen Eigenschaften – Charakterzügen, die die Welt braucht wie die Kiwi-to-go-Box, Einhornfleisch in Dosen oder den mitzählenden Flaschenöffner (macht „wow" bei jeder sechsten Flasche).

35 Gelassene Menschen meiden Miesepeter

GEMs gehen deshalb auf Distanz zu Pestzecken und umgeben sich mit Zeitgenossen, die sie mit ihrer Fröhlichkeit anstecken, mit denen sie gern beisammen sind und die positive Gefühle in ihnen auslösen, und zwar sowohl im beruflichen als auch im privaten Umfeld. Sicher, oft können wir uns unsere Mitmenschen, insbesondere auf der Arbeit, nicht aussuchen. Gehen Sie doch mal zum Chef und sagen Sie ihm, dass Sie ab sofort ein Einzelbüro wollen, da der gegenübersitzende Wallenfels die Sonne aus Ihrem Leben nimmt. Im besten Fall kriegen Sie den Ratschlag, sich mal beim Betriebsarzt vorzustellen. Im schlechtesten Fall veranlasst der Boss die unmittelbare Einweisung in eine geschlossene Anstalt. Aber selbst wenn Sie sagen, dass Ihnen Ihr Zimmergenosse auf den Senkel geht und Sie ihn künftig meiden wollen, werden Sie vermutlich zu hören bekommen, dass es die räumliche Situation nicht erlaubt, Ihnen Ihren Wunsch zu erfüllen, und dass Sie sich mal nicht so anstellen sollen.

Vor allem im Privatleben nutzen GEMs alle Möglichkeiten, die sich ihnen bieten, Sackgesichtern den Rücken zuzuwenden. Wenn ihnen jemand sagt, dass sie zu viel Nutella auf ihr Brot schmieren, dann hören sie auf, mit ihm zu reden. Solch eine Negativität brauchen sie nicht in ihrem Leben. Denn sie wissen: Langfristig werden wir so wie der Durchschnitt der fünf Menschen, mit denen wir die meiste Zeit verbringen. Wir sind in etwa so fit oder fett wie der Durchschnitt dieser fünf Menschen. Wir sind ähnlich gestresst oder entspannt wie sie; wir sind näherungsweise so zufrieden mit uns und unserem Leben. Wir haben vergleichbare Hobbys. Und wir haben zur gleichen Zeit Stuhlgang. Okay, Letzteres hat nicht gestimmt, aber der Rest. Und das liegt nicht nur daran, dass es sich Gleich und Gleich gern zusammen auf der Couch gemütlich machen, sondern auch daran, dass Ungleiches allmählich gleicher wird, wenn man nur ausreichend Zeit miteinander verbringt. Kennt man ja von Hunden und ihren Besitzern, die sich über die Jahre hinweg im Aussehen aufeinander zubewegen, bis man den Zwei- vom Vierbeiner ausschließlich aufgrund des aufrechten Gangs auseinanderhalten kann, was aber auch dann nicht mehr zutrifft, wenn Frauchen infolge übermäßigen Sahnetorten- und Eierlikör-Konsums quadratische Ausmaße angenommen hat.

Zurück zur 5-Menschen-Theorie. Diese stammt von dem US-amerikanischen Unternehmer und Autoren Jim Rohn (1930–2009). Bislang fehlt ihr zugegebenermaßen eine wissenschaftliche Fundierung, aber der gesunde Menschenverstand bestätigt, dass wir uns unserem Umfeld anpassen. Ob das nun die fünf oder die acht Menschen sind, mit denen wir am meisten Zeit verbringen, und wie stark die Angleichung ausfällt, ist letztlich auch gar nicht so relevant. Entscheidend ist, dass wir selbst dazu neigen, zum Energievampir zu werden, wenn wir es überwiegend mit solchen zu tun haben. Ergo essen GEMs einen Haufen Knoblauch, um diese Vampire auf Distanz zu halten. Das wirkt übrigens auch, wenn man nicht abergläubisch ist – Knoblauchatem vertreibt garantiert jeden!

Das Ganze bitte jetzt nicht falsch verstehen: GEMs suchen sich ihre Freunde keineswegs nach dem Prinzip aus: „Wer nutzt mir am meisten?" Sie missbrauchen ihre Kumpels nicht als emotionale Tankstelle und bewerten eine Beziehung nicht nach den Vorteilen, die sie daraus ziehen. Vielmehr ist es einfach so, dass GEMs sich von Menschen zurückziehen, die ihnen nicht (mehr) guttun beziehungsweise Unwohlsein bei ihnen auslösen. Da kann es durchaus sein, dass man sich mal blendend mit jemandem verstanden hat. Doch allmählich gehen die Wege auseinander. Der andere ändert sich und man sich selbst natürlich auch. Der Partner, die Lebenssituation (mit/ohne Kinder), der Job, die finanziellen Möglichkeiten und noch einiges mehr verschieben unsere Werte und Interessen. Auch unser Verhalten bleibt nicht konstant. Irgendwann merkt man: „Hey, mit dem klappt's jetzt nicht mehr. Ich freue mich nicht mehr auf gemeinsame Unternehmungen. Das mache ich nur noch aus Pflichtgefühl. Und nach den Treffen komme ich schlecht gelaunt nach Hause, weil der andere nur noch nervt mit seiner Art." GEMs haben dann den Schneid und beenden solche unerfreulichen Beziehungen – auch wenn dies vielleicht als eigensinnig rüberkommen mag. Genau genommen ist es jedoch nur Selbstschutz, den GEMs praktizieren, weil sie eben genau so nicht werden wollen.

Teil VI

Das Passwort fürs Leben heißt Humor

36

Gelassene Menschen erkennen die Verhältnismäßigkeit

Die deutsche Schwimmerin Britta Steffen hat während ihrer Karriere mehr als zwei Dutzend Medaillen bei Olympischen Sommerspielen sowie Welt- und Europameisterschaften gesammelt. Dementsprechend hoch waren die Erwartungen an sie bei den Olympischen Sommerspielen 2012 in London. Doch statt Gold gab es nur enttäuschende Platzierungen. Steffen kommentierte dies in einem Interview (zitiert nach Ohne Verfasser 2012) so:

> Mein Scheitern ist kein Weltuntergang, durch mich ist auch nicht der Weltfrieden gefährdet. Also ist so weit alles okay.

Wie geil ist das denn! Steffen muss ein echter GEM sein. Was für eine bemerkenswerte Äußerung, hören und lesen wir doch so oft nach sportlichen Niederlagen von Einzelkämpfern oder Teams Vokabeln wie „Katastrophe" oder

„Desaster". Verliert der FC Schlacke 07 am 9. Spieltag gegen den Tabellenzwölften, liest man montags von einer „historischen Niederlage mit kaum absehbaren Folgen für die weitere sportliche Entwicklung". Im Beruf nicht anders. Der verlorene Kundenauftrag mit einem Volumen von 2629 EUR hat dann schon mal existenzbedrohende Dimensionen. Die um drei Tage verspätete Auslieferung einer Sendung ist die größte Tragödie seit der Firmengründung, und der krankheitsbedingte Ausfall von Kollegin Kotzam-Treimer ist das schlimmste Fiasko, mit dem die Abteilung je zurechtkommen musste.

Ganz ähnlich ist es im Privatleben. Schauen Sie sich doch mal in Ihrem Familien-, Freundes- und Bekanntenkreis um. Da werden Sie sicherlich eine Menge Menschen benennen können, für die das Leben ein einziges Drama ist. Sie haben statt der 1,5 %-Milch die 3,5 %-Milch gekauft – oh mein Gott! Der Sohn hat im Gestaltenden Werken nur eine 2- auf seine Adventslichterbahn bekommen – was für eine bodenlose Unverschämtheit, was hat sich der Bub doch für eine Mühe gemacht! Sie haben aus Versehen Ihre Lieblingsbluse zu heiß gewaschen, nun passt sie Ihrer 6-jährigen Tochter, aber nicht mehr Ihnen – grand malheur! So viele Leute verpassen alltäglichen Problemen den Status eines Schicksalsschlags epochalen Ausmaßes. Kein Wunder, wenn das Leben dann aus nichts als einer endlosen Reihe von Enttäuschungen, Missgeschicken, Unzulänglichkeiten und Ärgernissen zu bestehen scheint.

Das Problem ist: Oft erkennt man die Verhältnismäßigkeit von belastenden Situationen nicht; man echauffiert sich über Vorkommnisse, die es schlichtweg nicht wert sind oder die man nicht beeinflussen/ändern kann. Doch objektiv betrachtet ist das, was einen bekümmert, deutlich weniger dramatisch, als man es wahrgenommen hat. Verglichen mit wirklich weitreichenden und negativen

Ereignissen, wie etwa einem schlimmen Verkehrsunfall oder einer schweren Krankheit, sind die meisten der täglichen Probleme absolute Nichtigkeiten. Dennoch blasen wir uns bei Lappalien gerade so auf, als ob unser Haus abgebrannt wäre. Anders Britta Steffen: Sie hat die wahre Bedeutung ihres verfehlten Podestplatzes erkannt. Sie hat – wohl ohne es zu wissen – die „Google-Maps-Technik" angewendet.

Wir Normalos betrachten unser Leben und die darin auftauchenden Probleme meistens im Verhältnis eins zu eins. GEMs zoomen sich heraus. Sie stellen sich vor, ihr Problem wäre ein Ort auf einer digitalen Landkarte, wie beispielsweise auf Google Maps. Dann drücken sie auf das „Minus-Symbol" und vergrößern den Maßstab! Sie finden ihr Problem ganz schnell nicht mehr, ähnlich wie ein kleines Dorf verschwindet, sobald man den Maßstab vergrößert. GEMs führen sich die Verhältnismäßigkeit ihrer Sorgen und Probleme vor Augen. Wilhelm Schmid gibt in seinem Büchlein „Unglücklich sein – Eine Ermutigung" (2012, S. 33) einen Orientierungspunkt, um den Maßstab zurechtzurücken:

> In vielen Ländern sehen Menschen ihr Glück darin, überleben zu können.

Anders ausgedrückt: Milliarden von Menschen hätten gern unsere Sorgen. Einfach mal drüber nachdenken!

Auch im Zeitvergleich könnten wir merken, wie gut es uns heutzutage geht und wie wenig Anlass zum Aufregen wir eigentlich hätten. Vince Ebert (2009, S. 80) schreibt dazu:

> Viele Menschen schwärmen von der ‚guten alten Zeit'. In Wirklichkeit jedoch war die gute alte Zeit kurz, dreckig und grausam. Ein vereiterter Zahn war eine unerträgliche Qual, Kinder wurden durch Rachitis verstümmelt, und

> die Menschen starben wie die Fliegen an Krankheiten, über die wir heute nur lächeln können ... Wir alle sind Nutznießer von lebensrettenden Maßnahmen, die im letzten Jahrhundert von klugen Naturwissenschaftlern entwickelt wurden: sauberes Wasser, Impfungen, Antibiotika, Insulin, Hormone, schmerzstillende Mittel. Dadurch hat sich die Lebenserwartung in kürzester Zeit fast verdoppelt.

GEMs erkennen die Verhältnismäßigkeit von Problemen, weil sie wissen, dass sie im Vergleich mit der Mehrzahl der Erdenbürger und im Vergleich mit früheren Zeiten nicht den geringsten Grund zur Klage haben. Nun denken sie jedoch nicht permanent daran, wie schwer es unsere steinzeitlichen Vorfahren hatten, als mal wieder die Sonderangebots-Keulen ausverkauft waren oder MesolithikumTV nur Wiederholungen gezeigt hat. Für den Alltag haben sie eine ganz simple Methode ersonnen, mit der sie die Verhältnismäßigkeit prüfen können: die 1-Jahr-Frage.

Angenommen, ein GEM hat sich die elektronische Weihnachtskerze „GWK 9091" gekauft und will diese nun zusammenbauen, aber er versteht die Bedienungsanleitung nicht, weil die so formuliert ist:

1. Auspack und freu.
2. Slippel A kaum abbiegen und verklappen in Gegenstippel B für Illumination von GWK 9091.
3. Mit Klamer C in Sacco oder Jacke von Lebenspartner einfraesen und laecheln für Erfolg mit GWK 9091.
4. Fuer eigens Weihnachtsfeierung GWK 9091 setzen auf Tisch.
5. Fuer kaput oder Batterie mehr zu Gemutlichkeit beschweren an: wir, Hindenburgstrasse 4, Kaiserslaudern.

Klar, das muss man schon ein zweites Mal lesen, um es zu verstehen. Immerhin umweltbewusst ist der Hersteller: „Fuer neue Batterie alt Batterie zurueck fuer Sauberwelt in deutscher Wald". Also, was macht unser GEM? Er fragt sich: In welchem Maße soll ich mich jetzt aufregen, weil ich mit dieser beschissenen Anleitung nicht zurechtkomme? Wie intensiv soll mein Wutausbruch sein? Welches Ärgerniveau wäre angebracht? Um eine Antwort zu finden, stellt er sich eine weitere Frage, nämlich: Werde ich mich noch in einem Jahr darüber aufregen, werde ich mich in exakt 365 Tagen noch daran erinnern? Für den höchst wahrscheinlichen Fall, dass dem nicht so ist, erkennt der GEM: Okay, hier lohnt es sich nicht, dass ich an die Decke gehe – das wäre nicht verhältnismäßig. Und so lässt er seinen Ärger einfach vorbeiziehen und steckt die elektronische Weihnachtskerze „GWK 9091" in den Müll. Natürliche sind sowieso schöner.

37

Gelassene Menschen nehmen Dinge nicht persönlich

Mittwochmorgen, Udo setzt sich verschlafen an den Frühstückstisch. Oh ja! Ein Nutellabrot könnte er mal wieder essen. Er schnappt sich das Glas – und stellt fest: Es ist leer. Shit! Hat mal wieder einer ganz geschickt alles rausgekratzt, ohne Nachschub zu besorgen. Nun gut, dann halt ein Joghurt. Udo schlappt zum Kühlschrank, holt sich ein Erdbeerjoghurt raus, reißt den Deckel ab und sieht: Schimmel! Das kann doch gar nicht sein. Das Mindesthaltbarkeitsdatum ist doch noch gar nicht erreicht. Udo vergeht die Lust, etwas zu essen. Wenn schon oben nichts reingeht, dann wenigstens unten was raus. Er schlurft zum Klo. Wenigstens klappt es mit der Verdauung. Doch was ist das? An der Klopapierrolle hängt nur noch ein einsames Blättchen! Tja, es gibt so Phasen, da geht einfach alles schief. Da meint man, die Welt hätte sich gegen einen verschworen. Warum ausgerechnet immer ich? Irgendwer hat wohl was gegen mich.

Udo ist da kein Einzelfall. Stellvertretend für zahllose Einträge, habe ich mal einen Forenbeitrag rausgesucht:

> es gibt tage in meinem Leben da denk ich ich währe einzig und allein dafür gemacht vom einen haufen in den anderen zu treten oder alles ist gegen mich z. b. w-lan und lan Verbindung kackt ab ausgerechnet dann wenn ma nen zocker abend mim guten kumpel geplant hat–>unnötiges von a nach b zu fahren und nur antworten zu bekommen wie "hamma net" "gibts nimma" und wenn mann dann denkt scheiß drauf erst ma heim und abschalten gehts daheim genau so weiter bis der nächste nerven riss erfolgt.

Da denke ich mir: Dein größtes Problem ist weniger die unterbrochene WLAN-Verbindung als dein angespanntes Verhältnis zur deutschen Sprache.

Während wir gestressten, unentspannten Menschen hinter einer Folge von Negativereignissen gleich ein Muster („immer trifft es mich, ich bin aber auch ein Unglücksrabe") erkennen, kämen GEMs nie auf die Idee, solche Vorfälle als persönliches Versagen zu begreifen. Aber wir schaffen es ja sogar zu glauben, die Deutsche Bahn hätte es höchstpersönlich auf uns abgesehen: „Jetzt fahre ich einmal mit dem Zug und prompt hat der ICE 'ne halbe Stunde Verspätung." Interessanterweise denken die 300 Mitreisenden ganz genauso.

GEMs wissen: Manche Dinge im Leben passieren einfach so, ohne dass wir etwas dafür können. Es regnet, weil jede Wolke zahlreiche Wassertröpfchen enthält, die so winzig klein sind, dass sie sich von selbst in der Luft halten können. In großen Wolken verbinden sich die Tröpfchen dann zu größeren Regentropfen. Und die werden dann so schwer, dass sie vom Himmel fallen. Deshalb regnet es – und nicht weil irgendeine undefinierbare Macht uns die

Grillparty versauen will. So einen Schauer darf man nicht persönlich nehmen.

Manch einer erkennt nicht nur in einem total verkorksten Tag, einem verspäteten Zug oder einer ins Wasser gefallenen Feier ein Muster, sondern in seinem ganzen Leben. „Ich bin ein Pechvogel" oder „Nie gelingt mir was" oder „Egal, was ich mache – es geht in die Hose" – solche Paradigmen führen dazu, dass man so ziemlich alles, was einem widerfährt, als Beleg dafür interpretiert, dass man recht hat. Da entdecken Sie eine freie Parklücke, jubilieren, nur um drei Sekunden später festzustellen, dass das vorausfahrende Auto genau in dieser Lücke einparkt. Na also, da haben wir es wieder! Ich bin einfach vom Pech verfolgt.

Psychologen nennen das „Bestätigungsfehler" (confirmation bias); der besagt – einfach ausgedrückt –, dass wir dazu neigen, Informationen so auszuwählen, zu ermitteln und zu interpretieren, dass sie unsere Erwartungen erfüllen. Wenn man nun davon überzeugt ist, dass man immer auf der Verliererseite steht, dann wird man problemlos ausreichend Beweise dafür finden, dass dem auch so ist. GEMs haben den Bestätigungsfehler entlarvt und deuten unerfreuliche Anlässe nicht als Attest für ihr misslungenes Leben.

Noch in einer weiteren Hinsicht verstehen es GEMs blendend, Unerfreuliches nicht auf sich zu beziehen, nämlich wenn andere sich danebenbenehmen. Das kennen Sie doch: Auf der A5, zwischen Dottenberg/Krachgarten und dem Ohmtaldreieck, werden Sie – in der Mitte fahrend – rechts überholt. Sie brüllen: „Volldepp, in Deutschland wird links überholt!" Ein GEM denkt sich: Was soll ich mich denn aufregen, wenn andere die Verkehrsregeln nicht beherrschen. Einer der Lieblingssprüche von GEMs lautet:

Sich ärgern bedeutet, für die Fehler anderer zu leiden.

Weil GEMs diesen Spruch verinnerlicht haben, gelingt es ihnen so gut, souverän mit Fehltritten anderer umzugehen. Versäumnisse ihrer Mitmenschen interessieren sie so sehr wie eine geplatzte Rindswurst im ostfriesischen Wattenmeer. Aber was ist, wenn GEMs unmittelbar von Fehlern, schroffem Benehmen oder Angriffen betroffen sind? Dann müssen sie doch ebenso aus der Haut fahren? Nun, das tun sie vielleicht tatsächlich hin und wieder. Meistens jedoch schaffen sie es auch hier, ruhig zu bleiben und das wie auch immer geartete Fehlverhalten nicht persönlich zu nehmen.

Angenommen, in der Abteilungsbesprechung macht ein GEM einen Vorschlag zur Verbesserung der Sauberkeit in der gemeinschaftlich genutzten Teeküche: „Wir könnten einen Putzplan aufstellen, bei dem wir uns wöchentlich abwechseln." Kaum ist „abwechseln" ausgesprochen, erhebt Kollege Rasner lautstark seine Stimme: „Robert, das ist der beschissenste Vorschlag, den ich je gehört habe. Du bist ein Putztyrann sondergleichen. Willst du mir vielleicht auch noch vorschreiben, wie oft ich meine Tastatur zu reinigen habe? Du alter Pedant kannst deinen Schreibtisch ja drei Mal täglich wienern, aber ich putz' nicht!"

Puh, da hat einer scheinbar verdammt miese Laune. Doch statt Rasner entgegenzugiften, hält der GEM inne. Warum reagiert er so heftig? Hat das wirklich was mit meinem Vorschlag und mir zu tun? Oder könnte der Kollege vielleicht deshalb schlecht drauf sein, weil er Stress mit seiner Alten hat? Vielleicht hat er auch vorhin einen Anschiss vom Chef bekommen? Oder seine Gallensteine machen ihm wieder zu schaffen? Man weiß es nicht. Aber es könnte sich lohnen, mal darüber nachzudenken.

Halten wir fest: Natürlich ist es nicht schön, Objekt des Zorns oder des Frusts anderer zu sein – doch sich bewusst zu machen, dass man sehr häufig selbst nicht Anlass/Ursache ist, kann schon enorm gelassenheitssteigernd wirken.

38

Gelassene Menschen sprechen an, was sie stört

Fangen wir mal mit einer Anekdote an. Deren Herkunft ist mir leider trotz intensiver Recherchen verborgen geblieben. Tut aber eigentlich auch nichts zur Sache. Hier also „Die Todesliste des Bären":

Große Aufregung im Wald! Es geht das Gerücht um, der Bär habe eine Todesliste. Alle fragen sich, wer denn nun da draufsteht. Als Erster nimmt der Hirsch allen Mut zusammen und geht zum Bären und fragt ihn: „Entschuldige Bär, eine Frage: Bin ich auf deiner Liste?" „Ja", sagt der Bär, „du stehst auf meiner Liste." Voll Angst dreht sich der Hirsch um und läuft weg. Und tatsächlich, nach zwei Tagen wird der Hirsch tot aufgefunden. Die Angst bei den Waldbewohnern steigt immer mehr und die Gerüchteküche brodelt: Wer steht denn nun noch auf der Liste? Das Wildschwein ist das nächste Tier, dem der Geduldsfaden reißt und das den Bären aufsucht, um ihn zu fragen, ob es auch auf der Liste stehen würde. „Ja, auch dein Name ist auf meiner Liste vermerkt", antwortet der Bär. Verschreckt verabschiedet sich das Wildschwein vom Bären. Auch das Wildschwein fand man nach zwei Tagen tot auf. Nun bricht Panik bei den Waldbewohnern aus. Nur der Hase traut sich noch zum Bären. „Hey Bär, stehe ich auch auf deiner Liste?" „Ja, auch du stehst auf meiner Liste!" „Kannst du mich da streichen?" „Ja klar, kein Problem!"

GEMs wissen: Wenn man mit etwas unzufrieden ist oder etwas möchte, dann ist es eine gute Idee zu fragen. Das ist der einfachste, direkteste und meist auch Erfolg versprechendste Weg, etwas zu ändern beziehungsweise zu erhalten. Doch das tun wir viel zu selten! Was unternehmen wir oft für immense Anstrengungen, wählen die kompliziertesten Vorgehensweisen und verrenken uns auf irrwitzigste Art, um eine Lösung zu finden. Oder wir resignieren und fressen den Ärger in uns hinein. Macht nicht unbedingt gelassen. Auf den nahe liegenden Gedanken, das Gespräch mit dem-/derjenigen zu suchen, von dem/der wir etwas möchten, kommen wir häufig nicht. Noch öfter fehlt uns der Mut, das anzusprechen, was uns nervt oder was wir gern geändert hätten.

Was hält uns eigentlich davon ab, unsere Bitten oder Wünsche zu äußern? Dafür gibt es verschiedenste Erklärungen:

- Weil wir den anderen nicht in seiner Persönlichkeit verletzen wollen. („Das ist ja ein totaler Geschmacksunfall! Bitte zieh dir ein anderes Hemd an – davon bekommt man ja Augenkrebs.")
- Weil wir die (an und für sich) gute Beziehung zum anderen nicht aufs Spiel setzen wollen.
- Weil wir uns aus vorauseilendem Gehorsam nicht trauen. („Wenn ich das anspreche, ist sie wieder zwei

38 Gelassene Menschen sprechen an, was sie stört

Wochen lang beleidigt und spricht keinen Ton mit mir. Wobei, dann hätte ich wenigstens mal meine Ruhe …")
- Im Job: Weil wir uns fürchten, unsere Karrierechancen dadurch zu schmälern. („Wenn ich dem Chef sage, dass sein Vorschlag für den Messestand unterirdisch ist und mir nur einen Haufen nutzlose Arbeit verursacht, dann kann ich mir das mit der Beförderung abschminken.")
- Weil wir (vielleicht geprägt durch Kindheitserfahrungen?) gelernt haben, unsere eigenen Bedürfnisse hintanzustellen. („Als jüngstes von drei Kindern durfte ich samstags immer erst dann in die Wanne, wenn Papi, Mutti und die beiden älteren Brüder drinnen waren. So was prägt!")
- Weil wir denken, „das hat ja eh keinen Sinn", beziehungsweise weil wir die Erfolgsaussichten unseres Anliegens als marginal einschätzen.
- Weil wir nicht (unangenehm) auffallen wollen. („Wenn ich in der Besprechung sage, dass Schäfers Idee, bei den Gehaltszahlungen den Überweisungsbetreff von „Lohn" in „Schmerzensgeld" zu ändern, nicht so toll ist, gelte ich gleich wieder als Spaßbremse.")

Manche Sachen im Leben nerven wie Seitenbacher-Werbung. Doch wir schweigen. Egal aus welchen Gründen wir Belastendes nicht thematisieren – wir verbauen uns dadurch Chancen. Denn: Wer nicht fragt, hat als Antwort automatisch ein Nein. Meist machen wir uns viel zu viele Gedanken, was passieren könnte, wenn wir den Mund öffnen. Oft ist sogar das Gegenteil der Fall und der/die andere ist dankbar, wenn wir uns mitteilen. Ilja Grzeskowitz (2014, S. 182) schlussfolgert daher:

Sie haben eine Frage? Stellen Sie sie.
Sie möchten etwas haben? Fragen Sie danach.

Natürlich haben Sie genügend Erfahrung, um zu wissen, dass nicht jede Bitte, die man formuliert, erfüllt wird. Und wer es noch nicht mitbekommen hat: Das Leben ist kein großes Wunschkonzert. Nicht jede Frage wird positiv beantwortet. Das kann verschiedene Gründe haben. Es ist schlichtweg objektiv nicht möglich, den Wunsch zu erfüllen. Oder der/die andere, von dem/der man etwas will, hat andere/entgegengesetzte Vorstellungen oder Absichten. Manchmal liegt es aber auch einfach daran, dass man taktisch unklug vorgegangen ist oder sein Anliegen „falsch" formuliert hat. Wer den Chef auf dem Weg zu einer Besprechung (zu der er ohnedies schon 20 min zu spät ist) im Flur mit dem Wunsch nach einer 70-prozentigen Gehaltserhöhung überfällt, hat vielleicht nicht gerade den besten Zeitpunkt gewählt. Empathische Menschen unterlassen es, den Chef anzuhauen, wenn der mit hochrotem Kopf und rausgedrehten Augen aus seinem Büro stürmt. Ebenso sollte man den Vorgesetzten nicht unbedingt mit so einem Ansuchen behelligen, wenn man gerade den Kundenauftrag versemmelt hat.

Wenn GEMs das ansprechen, was sie nervt oder ändern wollen, dann vermeiden sie es, den anderen mit Vorwürfen zu konfrontieren: „Volker, du bist blöd wie zehn Meter Feldweg. Kannst du nicht ein einziges Mal deine abgeschnittenen Fingernägel in den Müll tun, statt sie auf dem Küchentisch liegen zu lassen." Da fühlt sich Volker schnell angegriffen und setzt zum Gegenangriff an: „Und du nimmst immer meinen Rasierer für deine Achselhaare." Da schießt es gleich zurück: „Dafür schneidest du dir mit meiner Nagelschere die Nasenhaare." Schon haben wir eine heftige Auseinandersetzung. GEMs wählen daher lieber die „Ich-Form", das heißt, sie beginnen ihre Aussage damit, wie sie sich fühlen, und sagen dann, was der konkrete Anlass ist. Sie poltern also nicht, sondern würden etwa so sprechen: „Ich bin verärgert, dass du dir heute am

38 Gelassene Menschen sprechen an, was sie stört

Küchentisch die Nägel geschnitten hast und sie dort hast liegen lassen." Der große Vorteil solcher „Ich-Botschaften" ist, dass Meinungsäußerungen keine verletzende Kritik darstellen und keine Konfrontationssituation herbeiführen. Vielmehr ist der Grundton: Ich habe ein Problem – bitte hilf mir! Dem Gegenüber wird das Einlenken oder konstruktive Suchen nach einer Lösung wesentlich erleichtert. Aber aufpassen! „Ich finde, du bist ein fehlgeschlagenes Genexperiment" ist nicht wirklich eine zielführende Ich-Botschaft.

39

Gelassene Menschen haben meistens einen Plan B

Alles verlief nach Plan. Nur der Plan war scheiße. Ja, auch GEMs kann das passieren. Nicht alles, was sie machen, ist erfolgsgekrönt. Und: Hin und wieder spielt auch ihnen das Schicksal übel mit. Aber kein Problem. Denn da haben wir sie wieder – die schon so häufig genannte Schizophrenie der GEMs. Ich hatte ja mehrfach erwähnt, dass entspannte Zeitgenossen recht sorglos durch das Leben promenieren und sich nicht zu viele Gedanken über Künftiges machen. Sie lassen die Dinge geschehen, im Vertrauen darauf, dass alles irgendwie gut ausgehen wird. Allerdings sind sie nicht so naiv, auf jegliche Planung zu verzichten. Sie wissen um die beruhigende Wirkung von Notfallplänen. Wenn man nachts um 2 Uhr durch den Osten Offenbachs schleicht, fühlt man sich halt mit einem Pfefferspray in der Tasche sicherer.

Indem GEMs überlegen, was Schlimmes passieren könnte, und geeignete Vermeidungsstrategien beziehungsweise mögliche Gegenmaßnahmen vorbereiten, reduzieren sie ihre Ängste. Angst hat nämlich meistens sehr viel mit einer gefühlten Handlungsunfähigkeit zu tun. Wenn Sie etwa in einer Boeing 747 in 10.000 m Höhe über dem Atlantik in eine Gewitterfront geraten (was mir schon mal passiert ist und gar nicht so spaßig war – ich hatte Sorge, dass mir der Rotwein Flecken auf mein Hemd macht), dann können Sie nicht viel mehr tun, als zu hoffen, dass der Pilot die Lage im Griff und nicht die Stewardess auf dem Schoß hat. Sie selbst sind jedoch in dieser Situation machtlos und können nur dem großen Bestimmer ein Bittgebet zurufen, in dem Sie versprechen, im Supermarkt nie mehr Chiquita-Aufkleber auf die Salatgurken zu kleben, wenn Sie nur verschont bleiben.

In ihrem fantastischen Buch „Das große Los" schreibt Meike Winnemuth (2014, S. 29):

> Immer gut, einen Plan B zu haben – das Wissen um ihn ist die beste Garantie, ihn nie zu brauchen.

So entwerfen GEMs denn fleißig Pläne, und zwar nicht nur in einer Variante A und B. Mitunter wird da fast das ganze Alphabet ausgereizt.

Plan A:	Weltherrschaft erlangen
Plan B:	Mit Gott um die Weltherrschaft pokern
Plan C:	Superheld werden
Plan D:	Ein Batmankostüm kaufen
Plan E:	Das Paradies suchen
Plan F:	Nach Barbados auswandern
Plan G:	Nach Wuppertal ziehen
Plan H:	Reich heiraten
Plan I:	Hartz IV beantragen
Plan J:	Auf den großen roten Stuhl beim XXXL-Möbelhaus setzen

Nicht nur, was das Leben an sich betrifft, betreiben GEMs Vorsorge, auch im Alltag. Das kann ungemein stressreduzierend wirken. Insbesondere, wenn man Kinder hat. Ich erinnere mich zum Beispiel an einen Vorfall, als mein Sohn noch nicht trocken war. Ich hatte einen Geschäftstermin und trug bereits einen Anzug mit Hemd und passender Krawatte. Da die zugehörige Mutter beim Bäcker Brötchen holen war und Niklas meinem Ersuchen, sich selbst eine neue Pampers anzulegen, durch heftiges Gebrüll widersprach, übernahm ich die ehrenvolle Aufgabe des Windelwechselns. Das klappte so weit auch gut, bis Sohnemann meinte, sich – da er nun so schön ausgepackt war – erleichtern zu müssen. So ein halbjähriges Bürscherl kann schon enorm Druck in der Blase aufbauen. Ehe ich mich in Deckung bringen konnte, traf mich sein gelber Strahl mit voller Wucht. Wie gut, dass ich vorbereitet war. Mit Kabelbindern fixierte ich meinen Nachwuchs auf der Wickelkommode (damit er nicht zu Boden stürzt) und begab mich ins Schlafzimmer, um den stets aufgebügelten Ersatzanzug anzulegen.

Ein letzter Gedanke zum Thema „vorbereitet sein". Der französische Chemiker Louis Pasteur (1822–1895) erkannte:

Der Zufall begünstigt nur den vorbereiteten Geist.

Was er damit gemeint hat: Man (er-)findet leichter was, wenn man sich zuvor eingehend damit auseinandergesetzt hat. Wer weiß? Vielleicht würde in Millionen von Schlafzimmern heute tote Hose herrschen, hätten Wissenschaftler nicht zufällig die Nebenwirkungen von Viagra entdeckt (was eigentlich zum Blutdrucksenken entwickelt worden war). Tatsächlich ist viel dran an Pasteurs Feststellung. Sie erinnern sich noch an das Aufmerksamkeits-Illusions-Paradoxon, über das wir beim Geheimnis Nr. 21 („Dankbarkeit") gesprochen hatten? Wir nehmen verstärkt das wahr, womit wir uns gerade beschäftigen. Wenn ich beispielsweise darüber nachdenke, mir mal eine entspannende Thai-Massage zu gönnen, dann fallen mir im Stadtbild überall Massagestudios auf. Davon gibt es aber jetzt plötzlich nicht mehr als davor; nur jetzt fallen sie mir halt auf. (Kleine Nebenbemerkung: Nur mit öffentlichen Toiletten verhält es sich da anders. Immer, wenn man ganz dringend eine benötigen würde, ist weit und breit keine vorhanden. Sobald man sich dann doch irgendwie Erleichterung verschaffen konnte, begegnen einem auf Schritt und Tritt WCs. Ich kann mir das echt nicht erklären.)

Diesen Mechanismus kann man sich zunutze machen. Beispiel gefällig? Zum Ende ihres Studiums müssen Studenten eine Abschlussarbeit (Thesis) anfertigen. Der überwiegende Teil meiner Studenten wartet mit der Themenfindung so lange, wie es eben noch möglich ist. Keine gute Idee! Ich rate dazu, sich lange vor dem offiziellen Anmeldetermin Gedanken darüber zu machen, worüber man schreiben möchte; man muss ja noch gar nichts zu Papier bringen, es langt, lediglich das Thema einzugrenzen. Ab diesem Moment nimmt man nämlich die Umwelt anders wahr und stößt auf Informationen, die einem sonst höchstwahrscheinlich entgangen wären. Der Zufall begünstigt halt den vorbereiteten Geist.

Ach ja, zum Schluss noch was: Bevor entsetzte Leser zum Jugendamt rennen und mich wegen des Einsatzes von Kabelbindern verklagen wollen – das war nur ein Witz. Nein, so was macht man nicht. Auch wenn ich zugegebenermaßen mitunter große Lust dazu gehabt hätte. Damit bin ich aber nicht allein. Die Schriftstellerin und Moderatorin Amelie Fried (1999) hat einmal geschrieben:

> Es ist normal, wenn Sie gelegentlich Lust haben, Ihre Kinder aus dem Fenster zu werfen. Es ist nicht normal, wenn Sie es tun!

40

Gelassene Menschen sehen das Gute im Schlechten

Sie sehen in Ihrem Lieblingsmodegeschäft ein wunderschönes, jedoch sündhaft teures Kleid (für die männlichen Leser: ein tolles Jackett). Sie schlafen eine Nacht darüber und entscheiden sich dafür, sich das besondere Stück von Ihrem Urlaubsgeld zu gönnen. Froh gelaunt gehen Sie später am Tag in den Laden, um kurz darauf bitter enttäuscht zu werden: „Tut mir leid, aber in Ihrer Größe haben wir das Kleid nicht mehr." Für Sie natürlich ein Grund, sich ordentlich aufzuregen. Was würde ein GEM denken? „Gut, dann habe ich Geld gespart."

Ich verstehe, wenn Sie jetzt langsam genervt sind und mit Ihren Augen rollen. Ja, diese öden GEMs … immer souverän und tiefenentspannt. Irgendwas muss die doch auch auf die Palme bringen. Doch da gibt es tatsächlich was, nämlich wenn sie Staubsaugerbeutel kaufen sollen und völlig verzweifelt vor dem entsprechenden Regal im Supermarkt stehen und mal wieder nicht wissen, welcher der 284 Beuteltypen der richtige ist. JH65? × 6? Oder doch DirtD7523? Aber ansonsten grämen sie sich auch in denkbar schlimmsten Situationen nicht. Selbst nicht auf dem Sterbebett! Liegen sie dort und der Teufel kommt mit seinen hochglanzpolierten Hörnern im eng geschnittenen, anthrazitfarbenen Zweireiher zur Tür rein, flehen sie nicht darum, verschont zu bleiben. Nö, die sagen: „Dann komm ich halt in die Hölle, im Himmel kenn ich eh keinen!"

Das ist der Trick: In jeder noch so bekackten Lage das Positive zu erkennen. Jedem noch so offensichtlichen Nachteil was Gutes abzugewinnen. GEMs würden nie über sich sagen: „Ich bin dick." Die meinen: „Ich bin nur leichter zu sehen." Ist einer der Ansicht: „Dein Auto ist ja ganz schön verbeult", dann entgegnet ein GEM: „Quatsch, mein Auto hat viele Eindrücke im Straßenverkehr gesammelt." Ist ein solches Denken noch Augenwischerei oder schon ein Fall für die Klapse? Nein! Weder noch. Das ist Lebensklugheit. Ein altes griechisches Sprichwort besagt:

> Es gibt nichts Schlechtes, an dem nicht auch etwas Gutes ist.

Gut, nicht alles, was Griechen machen, hat jetzt Weltklasseniveau. Ich denke da an Retsina, Finanzpolitik oder die Abfertigung an Flughäfen. Wer mal von Kos aus abgeflogen ist, weiß, was ich meine. Doch dieses Sprichwort beziehungsweise die dahinter stehende Einsicht ist tatsächlich genial. Es kann helfen, kleineren und größeren Widrigkeiten mit mehr Gleichmut zu begegnen, weil es uns auffordert, das Positive zu suchen.

Nach dem Positiven zu fahnden oder andere Erklärungen zu finden, ist Kern einer Technik aus der Systemischen Psychotherapie, nämlich dem „Reframing" (deutsch: Neurahmung) oder der Referenztransformation.

40 Gelassene Menschen sehen das Gute ...

Woher kommt der Name? Ähnlich wie ein Bilderrahmen entscheidend dafür sein kann, ob ein Kunstwerk dem Betrachter gefällt oder nicht, kann der Versuch, eine Situation in einem anderen Kontext (oder „Rahmen") zu sehen, die Beurteilung maßgeblich verändern.

Durch Umdeutung wird einem Geschehen ein anderer Sinn zugewiesen, und zwar dadurch, dass man versucht, für ein problematisches Verhalten beziehungsweise ein ungewünschtes Vorkommnis positive Erklärungen zu finden. Damit ist allerdings nicht gemeint, die Dinge schönzureden; manche Tatsachen sind einfach enttäuschend und haben – so sehr man auch sucht – nichts Angenehmes an sich. Oft jedoch kann man mit geringem Aufwand einer Situation auch etwas Positives abgewinnen. Sie haben den Zug verpasst? Wunderbar, dann können Sie noch eine halbe Stunde eiskalte Bahnhofsluft schnuppern und sich von ebenfalls wartenden, allein reisenden Senioren unterhalten lassen. Ein Beispiel aus der Wirtschaft: Die Forscher von 3M wollten ursprünglich einen Superkleber entwickeln. Doch das Ergebnis ihrer Bemühungen hatte genau gegenteilige Eigenschaften: Der Kleber war zwar haftend, aber wieder ablösbar. Allerdings betrachtete man das nicht als Misserfolg. Der Rahmen wurde geändert. Man fragte sich: Wie kann dieser „Fehler" genutzt werden? Der Post-it-Zettel war geboren.

Hier noch eine weitere Erkenntnis, die GEMs verinnerlicht haben: Das, was wir zunächst als negativ bewerten, erweist sich später oft als Vorteil. Mit Eugen Roth gesprochen:

> Ein Mensch schaut in der Zeit zurück und sieht, sein Unglück war sein Glück.

Dafür ein schlagkräftiges Beispiel: Ein Jahr nach Gründung wollten Larry Page und Sergey Brin ihre Firma für 1 Mio US$ verkaufen, aber dem Käufer war der Preis zu hoch (vgl. Kahnemann 2015, S. 248). Heute (Januar 2020) ist Alphabet, der Mutterkonzern von Google, mit über 1 Billionen US$ eines der wertvollsten Unternehmen der Welt und die beiden Gründer sind Multimilliardäre.[1] Die anfängliche Enttäuschung („wir sind damit gescheitert, unseren Laden zu verhökern") hat sich im Nachhinein als gigantischer Glücksfall erwiesen.

Wie viele Menschen erleben es (zunächst) als leidvoll, wenn sich ihr Partner von ihnen trennt. Liebes- und Scheidungskummer werden hinsichtlich des empfundenen Schmerzes nur noch vom Anhören einer Beatrice-Egli-CD übertroffen. Doch was passiert in aller Regel nach ein paar Monaten, spätestens Jahren? Man findet einen neuen Schatz und ist glücklicher denn jemals zuvor. „Gott sei Dank hat der Drecksack Schluss gemacht, sonst hätte ich nie den Jan-Hendrick kennengelernt."

Noch ein Beispiel. Aus dem Fußball. Im Jahr 2004 wurde Joachim Löw beim österreichischen Erstligisten Austria Wien als Trainer entlassen. Zehn Jahre später, am 13. Juli 2014, wurde Löw Weltmeister – als Trainer. Wie er in der Stunde seines Karrierehöhepunkts über den Rauswurf in Wien denke, wollte ein Journalist aus Österreich bei der Pressekonferenz von Löw wissen. Seine Antwort: „Das war mein größtes Glück, sonst wäre ich heute nicht hier" (Zitiert nach Montazeri 2014).

Psychologen nennen das, was Bundes-Jogi praktiziert hat, die „Robinson-Crusoe-Taktik", weil sie der legendäre Schiffbrüchige angewendet haben soll. Statt zu denken „Mist, ich bin hoffnungslos auf einer einsamen Insel gestrandet", soll die reale Vorlage der Romanfigur zu

---

[1] https://www.welt.de/wirtschaft/article205090966/Google-Mutterkonzern-Alphabet-erreicht-Boersenwert-von-1-Billion-Dollar.html

sich gesagt haben: „Ich bin zwar allein auf der Insel, aber ich lebe noch – meine Kameraden sind ertrunken." Jede Medaille hat eben zwei Seiten ... und eine sehen wir oft nicht, zumindest nicht im gegenwärtigen Moment. Aber mit etwas zeitlichem Abstand erkennen wir sie vielleicht. Der dänische Philosoph Sören Kierkegaard hat den gleichen Inhalt etwas anders formuliert:

Das Leben wird vorwärts gelebt und rückwärts verstanden.

Hinter der Einsicht, dass alles Schlechte auch sein Gutes hat (auch wenn wir es oft erst im Nachhinein erkennen), steht oft mehr als reine Vernunft. Wer so denkt, besitzt in aller Regel auch den Glauben daran, dass nichts im Leben umsonst geschieht. Was nun nicht wirklich überraschend ist. Selbst im Kaufhaus muss man heute 20 Cent für die Tüte zahlen – früher war die umsonst.

41

Gelassene Menschen betrachten Probleme als Lernmöglichkeit

Auch im Leben von GEMs tauchen Probleme auf: Da will der Getränkeautomat um keinen Preis der Welt die 1-EUR-Münze annehmen. Oder beim Weggehen merken sie, dass sie das Ladekabel vom Handy nicht richtig eingesteckt haben. Oder sie kriegen in ihre Capri-Sonne, die neuerdings „Capri-Sun" heißt, den Strohhalm nicht ins Loch. Wenig verwunderlich bleiben GEMs in solch' lebensbedrohlichen Situationen total cool. Sie ärgern sich nicht darüber, dass sich ihnen ein Problem in den Weg gestellt hat. Nein. Die schreien vor Freude „Hurra!". Weil ihnen die Möglichkeit gegeben wird, dazuzulernen. Denn das sind Probleme in Wirklichkeit: Chancen, sich weiterzuentwickeln! Ja, das nächste Mal, wenn sie ihr iPhone an den Strom hängen, vergewissern sie sich, ob das Kabel fest sitzt. Und im Supermarkt kaufen sie sich keine Capri-Sonne mehr, sondern eine Fanta in der Flasche mit garantiert zu öffnendem Schraubverschluss.

© Der/die Herausgeber bzw. der/die Autor(en), exklusiv lizenziert durch Springer Fachmedien Wiesbaden GmbH, ein Teil von Springer Nature 2020
M.-N. Däfler, *Das Passwort fürs Leben heißt Humor*,
https://doi.org/10.1007/978-3-658-30069-2_41

Mit der gleichen Logik betrachten GEMs Fehler. Die sind für sie nichts Schlimmes, sondern eine Gelegenheit, ihr Wissen zu erweitern. Gut, wenn sie zum vierten Mal ihr Passwort am Geldautomaten falsch eingegeben haben und die Kneipentour mangels Bargeld abbrechen müssen, dann sehen sie das vielleicht auch etwas anders. Aber ansonsten nehmen sie Fehlern den Beigeschmack des Negativen.

Auf den Punkt gebracht: GEMs erheben Probleme und Fehler nicht zu Katastrophen, sondern betrachten sie als „Normalfall" im Leben, die einen weiterbringen und deshalb zu begrüßen sind. Der bereits vielfach zitierte Josef Kirschner (2000, S. 196) verdeutlicht das mit einer schönen Metapher:

> Stellen Sie sich vor, Sie gehen in ein Theater, und dort spielt man Ihnen den Anfang eines Stückes vor und dann sofort das Happy End. Alles, was zu diesem Happy End führt, wird Ihnen vorenthalten. Die Spannungen und Krisen und alle Erfahrungen des Helden, aus denen er schließlich als Sieger hervorgeht. Im Theater würden wir das niemals akzeptieren. In unserem eigenen Leben tun wir es ständig. Da suchen wir den bequemsten und eiligsten Weg zur Befriedigung, ohne uns der Mühe der Erfahrungen zu unterziehen, die jede wirkliche Erfüllung eines Wunsches notwendig macht.

Belastende Situationen und Probleme sind enorm wichtig, denn sie erfordern Veränderungen und bringen uns auf diese Weise voran. Wenn wir Schwierigkeiten stets ausweichen, uns ihnen nicht stellen, dann treten wir auf der Stelle. Erinnern Sie sich noch an ihre früheste Kindheit? Was wäre wohl geschehen, wenn Sie nicht den Willen gehabt hätten, laufen zu lernen, wenn Sie nach den ersten erfolglosen Versuchen entmutigt aufgegeben hätten? Dann würden Sie sich heute immer noch robbend fortbewegen.

Da macht ein Einkaufsbummel in der Fußgängerzone zur Weihnachtszeit nicht ganz so viel Spaß.

Also: Ohne Probleme gibt es kaum Weiterentwicklung (das heißt natürlich nur dann, wenn wir sie zufriedenstellend lösen). Probleme gehören einfach zum Leben – sie tauchen immer wieder auf und werden sich vermutlich nie völlig vermeiden lassen. Kein Grund dafür, Trübsal zu blasen. Kurt Tepperwein (2013, S. 52 f.) meint dazu:

> Wenn Sie sich erst dann gestatten, glücklich zu sein, wenn Sie alle Probleme gelöst haben, werden Sie nie glücklich sein.

Noch ein Grund spricht dafür, Probleme aus der Schmuddelkinderecke zu holen: Es ist doch ein schönes Gefühl, wenn man ein Problem bewältigt hat – Selbstzufriedenheit und mitunter Stolz sind die angenehmen Folgen erfolgreicher Problemlösungen. Zudem sammelt man Erfahrungen, die einem vielleicht in Zukunft nutzen werden. GEMs drücken sich deshalb auch nicht davor, Probleme anzugehen oder unangenehme Aufgaben in Angriff zu nehmen. Die Ablage machen, den Projektbericht schreiben, die Einkommensteuererklärung ausfüllen, den Keller aufräumen, bei Großtante Martha anrufen? Wir wissen genau, dass wir das tun müssten oder sollten, verschieben es aber von Tag zu Tag und Woche zu Woche, mit dem Ergebnis, dass die Aufgabe unerledigt bleibt und dass sie uns zermürbt. Das drückt auf die Stimmung, lähmt die Effizienz und nagt an unserem Selbstwertgefühl.

Prokrastination, wie der Fachbegriff für Aufschieberitis lautet, ist ein weitverbreitetes Phänomen und manchmal gar keine so dumme Idee. Gelegentlich kann es sogar eine prima Strategie sein, ein Problem zu ignorieren oder eine unliebsame Aufgabe *nicht* anzugehen. Denn mitunter erledigt sie sich von allein oder geht später leichter von der Hand. Dennoch: In den meisten Fällen belastet uns – zumindest unterbewusst – das Unerledigte. Wie einen mit Backsteinen gefüllten Rucksack schleppen wir ungelöste Probleme und hinausgezögerte To-dos mit uns herum. GEMs stellen sich deshalb heldenhaft Problemen, wenn sie auftauchen – sie packen den Stier bei den Hörnern.

Am liebsten jedoch lernen GEMs von den Problemen anderer. Sie beobachten ihre Mitmenschen genau, wie sie mit schwirigen Situationen umgehen, und ziehen für sich Rückschlüsse daraus. Ebenso lassen sie sich von Büchern, Ratgebern, Onlinekursen und Internetangeboten inspirieren, ohne dabei jedoch die gesamte Lebenshilfeliteratur der vergangenen fünf Jahrzehnte im Regal stehen zu haben. Wenn ihnen ein passendes Werk in die Hände fällt, dann studieren sie es interessiert. Begegnet ihnen ein Tipp, den sie für brauchbar erachten, dann wenden sie ihn an. Finden sie das Oeuvre nutzlos, verschenken sie es an ihren Großonkel oder zünden damit ihren Kamin an. Eines machen sie jedoch nie: Sich dem Diktat der Lifestyle-so-wirst-du-garantiert-happy-Industrie zu beugen und krampfhaft etwas zu erreichen, was sich ohnedies umso weniger einstellt, je verbissener wir es haben wollen: Glück.

42

Gelassene Menschen lenken sich ab

Vielleicht erinnern Sie sich daran, dass wir über Multitasking gesprochen haben, also den Versuch, mehrere Sachen gleichzeitig zu machen. Sie haben gelesen, dass das nicht geht, weil unser Gehirn nicht in der Lage dazu ist, seine Aufmerksamkeit aufzusplitten (außer Bundesligaglotzen und Biertrinken – das geht immer parallel). Beim Geheimnis Nr. 27 haben Sie erfahren, dass GEMs deshalb Multitasking vermeiden. Das war jedoch nur die halbe Wahrheit. Denn manchmal machen sie sich den Umstand zunutze, dass sich unsere graue Masse nur auf ein Ding konzentrieren kann. Wenn GEMs mal schlecht drauf sind, dann beschäftigen sie sich eben nicht mit dem Ärgernis und suhlen sich nicht in ihrem Leid, sondern sie lenken sich ab.

Ablenkung ist eine uralte Strategie, die wir alle noch aus Kindheitstagen kennen: Wenn wir mit Mutti beim Einkaufsbummel waren und in der Spielwarenabteilung so richtig Terz gemacht haben, weil wir unbedingt den Matchbox Mercury Cougar oder die Meerjungfrau-Barbie mitnehmen wollten, was hat Mama dann getan? „Komm, wir gehen Rolltreppe fahren!" Das Manöver haben wir natürlich durchschaut und zur Strafe musste sie dann 23-mal mit uns hoch- und runterfahren. Natürlich habe auch ich bei meinen Kindern dieselbe perfide Taktik befolgt, vor allem, als sie noch wehrlos waren. Klara verschmähte stets die Bio-Frühkarotten-Gläschen und kniff ihren Mund zusammen. Also Löffel voll gemacht und selbigen dann als Flieger getarnt in ihrem Schnabel landen lassen. Zumindest die ersten fünf Portionen gingen auf diese Weise rein, spätestens dann jedoch hatte sie geblickt, was ich da machte, und petzte noch fester zu als davor.

Auch in der Medizin wird die Ablenkungs-Taktik angewendet. Mit großem Erfolg. So haben Forscher von der University of Surrey herausgefunden, dass Patienten, denen die Krampfadern unter örtlicher Betäubung entfernt wurden und die währenddessen mit einer Krankenpflegerin plaudern konnten, 30 % weniger Angst empfanden als jene, die einfach nur dalagen.[1] Nun, ich weiß nicht, ob es sich ausschließlich um männliche Kranke handelte und ob da nicht vielleicht auch bestimmte Sexfantasien eine Rolle gespielt haben könnten, aber letztlich ist es egal. Ablenkung wirkt.

Von der Erziehung und Medizin zurück in den profanen Alltag. Es war mal wieder ein Tag, den man am liebsten aus dem Kalender streichen würde: schlecht geschlafen, beim Frühstück Zoff mit dem Partner gehabt, auf der Arbeit vom Chef dumm von der Seite angemacht worden und auf dem Rückweg vom Büro im Megastau

---

[1] http://www.netdoktor.de/news/ablenkung-lindert-angst-bei-eingriffen/

42 Gelassene Menschen lenken sich ab

gestanden. Was macht ein GEM? Als Frau geht sie in die Stadt und kauft sich eine Handtasche oder ein paar Schuhe: „Nein, ich habe keinen Besuch: Das sind alles meine Schuhe." Mein Schatz meint dann immer: „Kuck nicht so, Martin! Diese High Heels haben ‚Mama' zu mir gesagt! Wie hätte ich sie im Laden allein zurücklassen können?" Nein, das wäre wirklich nicht gegangen – ein barbarischer Akt wäre das gewesen, den zivilisierte Mitteleuropäerinnen mit humanistischer Bildung nie vollziehen könnten.

Ein GEM-Mann kauft sich seltener Ballerinas, aber er wird im Baumarkt einen elektrischen Winkelschleifer oder zumindest ein 320-teiliges Dübel-Schrauben-Set erstehen. Höchstwahrscheinlich wird er anschließend noch in seiner Stammkneipe versacken. Die Kolumnistin Margarete Stokowski (2016) weiß:

> Jede Gesellschaft hat ihre tröstenden Kulturtechniken. In Polen gibt es zum Beispiel Wodka.

Aber, aber! Alkohol löst doch keine Probleme. Stimmt, Milch allerdings tut das auch nicht. Insofern hat vielleicht doch der gute alte Geheimrat Goethe recht:

> Ein Mädchen und ein Glas Wein kurieren alle Not. Und wer nicht trinkt und wer nicht küsst, der ist so gut wie tot.

Gut – wir wissen alle, dass Alkohol Probleme nicht aus der Welt, sondern eher neue schaffen kann, aber, in Maßen konsumiert, lenkt er doch von den alltäglichen Widrigkeiten ab; gegen ein bis zwei Flaschen Wein pro Abend kann ja wohl niemand etwas haben. Alternativ geht natürlich auch Schokolade: „Willst du auch ein Stücken Schokolade?" – „Lustig, wie du Tafel ausspricht." Kleiner

Tipp: Wenn man beim Schokolade essen hüpft, können sich die Kalorien nicht an der Hüfte festhalten.

Aber es gibt ja noch Tausend andere Möglichkeiten, sich abzulenken – spannen Sie doch mal Klarsichtfolie über die Bürotoilette. Besonders lustig wird's dann, wenn's der Kollege nicht bemerkt und von Durchfall geplagt ist. Was auch immer gut kommt: Sobald Münchberg in seinen Urlaub aufbricht, eine alte, ausgemusterte Tastatur organisieren, ein bisschen Sand vermischt mit Kressesamen in die Zwischenräume streuen und das Ganze regelmäßig mit einer Sprühflasche leicht befeuchten. Einen Tag vor seiner Rückkehr die funktionstüchtige Tastatur gegen die Kressetastatur austauschen. Oder Sie könnten sich mal mit einem Fön an den Straßenrand knien und damit auf vorbeifahrende Autos zielen. Ach, es gibt so viele Ideen, wie man auf andere Gedanken kommen kann. GEMs sind da sehr erfinderisch, wenn es darum geht, Trübsal zu vertreiben.

Natürlich ist GEMs bewusst, dass Ablenkung nur ein vorübergehendes Remedium gegen Probleme ist. Ständige Ablenkung hindert einen daran, die Wurzel allen Übels anzupacken und Lösungen zu suchen. Das wäre dann wirklich eine Vogel-Strauß-Politik: „Probleme? Welche Probleme? Ich habe keine – die hab ich alle unter den Teppich gekehrt." Irgendwann holen sie einen dann doch ein.

Gegen temporäre schlechte Laune hilft Ablenkung jedoch allemal! In der positiven Psychologie, die sich im Gegensatz zur traditionellen defizitorientierten Psychologie vor allem mit den positiven Aspekten des Menschseins beschäftigt, wird der Standpunkt vertreten: Es ist nicht verkehrt, beim Auftauchen negativer Gedanken die Handbremse zu ziehen und sich vorsätzlich mit etwas anderem zu beschäftigen. Stefan Klein (2013, S. 92 f.) weiß, dass es kein guter Rat ist, sich der Wut hinzugeben:

42 Gelassene Menschen lenken sich ab

Viele Menschen glauben, ein Wutanfall würde sie von der Wut befreien, Tränen von der Trauer erlösen. Diese Vorstellung hat sich inzwischen als schlicht falsch erwiesen und ist oft sogar schädlich. ... Keinem wissenschaftlichen Psychologen gelang es jemals, Belege für eine entlastende Wirkung der angeblichen Sicherheitsventile Tränen und Wut zu finden.

Lieber Grillen statt Grübeln, lieber Singen statt Sinnieren, lieber Angeln statt Analysieren. Oftmals verziehen sich nämlich die Sorgen wie von allein, wenn man sie eine Zeit lang sich selbst überlässt. Das ist wie bei Vorwerkvertretern: Man muss nur lange genug ihr Klingeln an der Türe ignorieren – irgendwann ziehen sie ab. Also: Sobald sich das Gedankenkarussell mal wieder zu drehen beginnt: Joggen, das Bad putzen oder Stachelbeermarmelade einkochen. Genauso gut geeignet sind ein Kinobesuch (außer vielleicht „Titanic") oder ein Shoppingbummel.

Fassen wir dieses Geheimnis in einem Satz zusammen: Ein Glas Wein oder ein neues Paar Schuhe hilft immer.

43

Gelassene Menschen ändern, was sie stört

Es gibt Menschen, die haben wirklich ernsthafte Probleme, wogegen unsere Sorgen absolut nichtig erscheinen. So schreibt beispielsweise Stefan E. im Forum von haustechnikdialog.de:[1]

Wir sind momentan am Bad renovieren und wollen in diesem Zuge auch alle Sanitärobjekte erneuern. Als ich mich jetzt nach einem neuen WC umschaute fiel mir auf, das die meisten neuen WC's zwar alle sehr schön aussehen, aber vom Durchflußquerschnitt sehr eng bemessen sind. Ich sehe darin ein Problem, weil wir in unserer Familie alle ziemlich große Haufen scheißen. Unser altes WC, ein Flachspüler von Villeroy & Boch hatte eine wesentlich größere Abflußöffnung, und selbst da gab es manchmal Probleme, daß die Haufen vernünftig durchrutschten.

---

[1] http://www.haustechnikdialog.de/Forum/t/19886/Grosse-Haufen

© Der/die Herausgeber bzw. der/die Autor(en), exklusiv lizenziert durch Springer Fachmedien Wiesbaden GmbH, ein Teil von Springer Nature 2020
M.-N. Däfler, *Das Passwort fürs Leben heißt Humor*,
https://doi.org/10.1007/978-3-658-30069-2_43

Bei welchen WC Herstellern ist die Durchflussöffnung besonders groß ausgeführt? Bzw. welchen Hersteller/Typ könnt ihr mir empfehlen?

Ja, große Haufen können echt eine Herausforderung in der Lebensbewältigung sein. Aber Stefan E. weiß sich zu helfen – er fragt im Forum um Rat. Damit verleihe ich ihm unbekannterweise GEM-Status. Denn: Er nimmt sein Problem in Angriff. Er krempelt die Ärmel hoch und macht etwas, damit sich die Familie auch künftig unbesorgt erleichtern kann. Doch zahlreiche Menschen sind nicht wie Stefan E. – sie finden sich mit so vielen Dingen ab, die sie nerven, unzufrieden oder unglücklich machen. Wenn man aber genauer hinsehen würde, ließen sie sich durchaus ändern.

Sie ärgern sich über den Duschvorhang, der beim Duschen immer am Körper klebt? Lassen Sie sich einen Spritzschutz aus Acrylglas installieren.

Sie regen sich auf, dass Sie in der Kantine immer so lange anstehen müssen? Gehen Sie doch einfach mal eine Viertelstunde vorher – dann ist es längst nicht so voll und die Pasta ist zudem nicht so verkocht. Ansonsten können Sie auch den Handy-Trick anwenden: Einfach das Mobiltelefon ans Ohr halten und so tun, als ob Sie telefonieren, und sich vorne reinmogeln. In den allermeisten Fällen wird sich niemand beschweren.

Ihre Garagenzufahrt ist ständig zugeparkt? Hängen Sie ein „Parken-verboten-Schild" auf: „Widerrechtlich geparkte Fahrzeuge werden in den Innenhof geschleppt, zerlegt und die Teile bei ebay.pl versteigert."

Sie nerven die völlig irrelevanten, albernen oder abstrusen Posts in Facebook? „Freunde", die im Halbstundentakt verschwommene Strandbilder posten. Oder prahlerische Sportleistungs-Updates, wie „Bin gerade bei – 4 Grad Celsius 11 km gejoggt; 921 Kalorien.

43 Gelassene Menschen ändern, was sie stört

07:26 Uhr." Wenn Sie auf so was keinen Bock mehr haben: Löschen Sie Ihren Account!

Sie werden im Restaurant vom Kellner ignoriert? Stellen Sie sich auf den Tisch und intonieren Sie „Griechischer Wein" von Udo Jürgens. Alternative: „Es gibt kein Bier auf Hawaii".

Warum sind wir oft so phlegmatisch? Warum jammern wir über die vielen Ärgernisse des Alltags, statt uns zu überlegen, was wir tun könnten, um sie zu beseitigen? Ist es Antriebslosigkeit? Freuen wir uns insgeheim, wenn wir Gründe zum Nölen haben? Sind wir zu uninspiriert, um auf Ideen zu kommen? Oder gehen wir fälschlicherweise davon aus, dass es gar keine Lösung gibt? Ich weiß es nicht, woran es liegt. GEMs jedenfalls lösen ihre Probleme. Sie haben zwar keine Superheldenkräfte und können nicht mit einer Handbewegung Probleme wegzaubern. Allerdings haben sie ihre Probleme auf dem Radar und versuchen, sie zu lösen. Sie erstarren nicht in Lethargie. Sie überlegen, wie sie die Ursache dauerhaft beseitigen oder zumindest so weit wie möglich die negativen Folgen eindämmen können. Indem GEMs lösungsorientiert denken, vermeiden sie das Gefühl von Handlungsunfähigkeit. Elke Nürnberger et al. (2012, S. 13) meinen:

> Wenn wir also gelassen bleiben wollen, müssen wir dafür sorgen, die eigene Lösungsfähigkeit zu erkennen, zu erhalten und auszubauen. Dadurch ergibt sich eine positive Spirale: Je mehr Möglichkeiten wir wahrnehmen, desto besonnener bleiben wir – und je gelassener wir an die Dinge herangehen, desto mehr Handlungsspielraum haben wir.

Vergleichsweise einfach ist es, physische Dinge zu ändern: den Duschvorhang durch eine Acryglaswand zu ersetzen oder ein „Parken-verboten-Schild" aufzuhängen. Schwieriger ist es, etwas an sich selbst zu ändern, wenn man damit nicht zufrieden ist. Sie erinnern sich? Beim Geheimnis Nr. 8 hatten wir darüber gesprochen, dass GEMs nicht perfekt sein wollen und sich auch nichts vorschreiben lassen (Geheimnis Nr. 9). Das heißt jedoch nicht, dass sie absolut veränderungsresistent sind. Sie erkennen durchaus Aspekte ihrer Persönlichkeit, die – sagen mir mal – optimierungsfähig sind.

Ja, auch manche GEMs möchten abnehmen, mehr Sport treiben, weniger Zeit vor der Glotze und mehr mit ihrem Meerschweinchen verbringen, öfter lesen oder sich ehrenamtlich engagieren. Der große Unterschied zu uns Normalsterblichen ist: Sie setzen ihr Vorhaben auch in die Tat um. Bei uns ist es so: Wir beschließen, dass wir definitiv fünf Kilo abspecken wollen. Morgen wollen wir damit beginnen. Heute noch nicht. Und weil wir ja ab morgen Diät machen werden, gönnen wir uns heute Abend beim Goldenen Adler ein XL-Jägerschnitzel mit doppelt Pommes. Dazu lassen wir fünf bis acht Weizenbier reinlaufen und schütten (natürlich nur zur Verdauung) noch zwei Grappa, einen Birnengeist sowie vier Ramazzotti hinterher. Zu Hause plagt uns noch ein leichtes Hungergefühl, das wir mit einer Tafel Ritter Sport Knusperkeks beseitigen und einer Flasche Barbera runterspülen.

Nun ist aus „morgen" heute geworden. Ganz in Gedanken vergessen Sie beim Frühstück Ihren Vorsatz und schmieren sich ein Brot mit daumendick Leberwurst. Dazu einen Cappuccino mit drei Stückchen Zucker und danach noch ein Schokocroissant. Auf dem Weg ins Bad fällt Ihnen ein, dass Sie ja eigentlich heute mit Ihrer Diät beginnen und nur ein Naturjoghurt mit ein paar Nüssen frühstücken wollten. Na ja, jetzt haben Sie schon mal die falsche Abzweigung genommen, da verschieben Sie den

43 Gelassene Menschen ändern, was sie stört

Start Ihres Abnehmprogramms einfach auf morgen. Auf einen Tag kommt es schließlich nicht an. In der Mittagspause holen Sie sich beim Food Truck einen Pulled Beef Burger mit Steak House Fries und schieben noch ein Snickers hinterher. Am nächsten Morgen denken Sie diesmal an Ihren Vorsatz. Allerdings kommt Ihnen in den Sinn, dass heute Mittag ja ein Geschäftsessen ansteht und somit Ihren Plan durchkreuzt. Dann verschieben Sie den Diätbeginn eben um einen Tag. Dürfte ja keinen Unterschied machen. Übermorgen haben Sie so ein komisches flaues Gefühl im Magen. Da können Sie unmöglich nur ein Joghurt essen; da muss es schon was Gescheites sein. Tja, und dann ist ja schon Wochenende. Und das Wochenende ist ein wirklich ungünstiger Zeitpunkt für den Auftakt einer Diät. Montag, ja am Montag fangen Sie garantiert an …

Wie Sie vermuten, sind GEMs etwas anders. Wenn diese die Entscheidung getroffen haben, etwas in ihrem Leben zu ändern, dann setzen sie das sofort um. Im Wissen um die nur zu menschliche Eigenart, Unangenehmes hinauszuzögern, fangen sie ohne Verzug an, das zu tun, was sie sich vorgenommen haben. Ja, die alten Streber sind da voll diszipliniert. Ihnen ist auch bewusst, dass sich nicht sofort Erfolge zeigen werden. Um im Beispiel zu bleiben: Wenn ich es mal geschafft habe, einen Abend auf Chips und Chianti zu verzichten, dann zeigt die Waage nicht gleich zwei Kilo weniger an. Aber jede Rippe Schokolade, die ich weniger esse, trägt ihren klitzekleinen Anteil dazu bei, mein Ziel zu erreichen. Viele kleine Änderungen haben kumuliert eine gewaltige Wirkung. Der kleine Colorado River brauchte 65 Mio. Jahre, um den mächtigen Grand Canyon zu formen. Okay, Sie haben jetzt keine Jahrmillionen Zeit, ist schon klar. Aber mit ein wenig Geduld und – ja, leider – auch Disziplin lassen sich tatsächlich Erfolge erzielen.

44

Gelassene Menschen akzeptieren, was passiert ist

Sie haben gerade gelesen, dass GEMs das ändern, was sie stört. Was aber nun, wenn etwas nicht zu ändern ist, wenn es definitiv keine Möglichkeit gibt, an der Situation etwas zu drehen, wenn wir mit „Hey, können wir das auf dem (jetzt mit den Augen zwinkern) kurzen Dienstweg klären" nicht weiterkommen? Dann bleibt offenkundig nur, die ganze Sache so hinzunehmen, wie sie ist.

Sie wachen morgens auf und schauen aus dem Fenster: Es regnet in Strömen, mitten im Juli. Ihre Laune ist dahin, wo Sie doch die Sonne so sehr lieben. So zu denken, schaffen nur wir Menschen. Tieren käme so was nie in den Sinn. Wenn ein Biber morgens nach dem Zähneputzen aus seinem Bau steigt und sieht, dass es regnet, dann sagt er nicht: „So ein Kackwetter, jetzt bin ich mal mies drauf." Ob es schifft, schneit oder stürmt – dem Biber ist's einerlei, Hauptsache, es gibt abends was Gescheites im Fernsehen.

Zurück zu uns Menschen: Ein GEM will einen Kuchen backen. Und verwechselt Zucker mit Salz. Was soll's! Nicht mehr rückgängig zu machen … und das Ganze unter ständigem Rühren in den Abfluss gießen. Einem GEM platzt die Einkaufstüte und die Flasche mit dem schweineteuren Olivenöl zerspringt. So what! Nicht zu ändern. Dann gibt's halt statt Spaghetti aglio e olio Rigatoni mit Tomatensoße.

In meinen Workshops bringe ich mitunter eine handelsübliche Zahnpastatube mit und drücke einen Teil des Inhaltes auf ein Blatt Papier. Die Teilnehmer frage ich dann, wie es gelingen kann, die ausgedrückte Zahnpasta vollständig (und ohne Hilfsmittel) wieder in die Tube zu bringen. Nach einiger Zeit macht sich unter den Zuhörern Ratlosigkeit breit, da es keine Möglichkeit zu geben scheint. Und so ist es auch. Ich sage dann: „Zahnpasta, die man aus der Tube gedrückt hat, bekommt man nicht mehr hinein." Was ich damit sagen will: Man tut gut daran zu akzeptieren, dass man Geschehenes nicht ungeschehen machen, dass man die Uhr nicht zurückdrehen kann. Byron Katie schreibt dazu:

> Es sollte geschehen, weil es geschehen ist, und kein Denken in der Welt kann dies ändern. Das bedeutet nicht, dass wir es dulden oder befürworten. Es heißt lediglich, die Dinge ohne Widerstand und ohne die Verwirrung deines inneren Kampfes zu sehen. Niemand will, dass sein Kind krank wird, und niemand will einen Autounfall erleben, aber wenn diese Dinge geschehen, wie könnte es da hilfreich sein, wenn wir uns mental mit ihnen anlegen? Obwohl wir dies eigentlich wissen, tun wir es dennoch, weil wir nicht wissen, wie wir damit aufhören können.[1]

---

[1] http://thework.com/sites/thework/downloads/little_book/German_LB.pdf, s. 6–7.

44 Gelassene Menschen akzeptieren ...

Die E-Mail mit einer Schimpftirade über den Chef, die man der Kollegin schicken wollte, geht aus Versehen an die ganze Belegschaft? Nicht zu ändern. Die verpatzte Kundenpräsentation? Nicht mehr rückgängig zu machen! Der infolge übermäßigen Alkoholkonsums peinliche Auftritt bei der Weihnachtsfeier? Wird nicht dadurch aus dem Gedächtnis aller Anwesenden gelöscht, indem man sich aufregt. Wie oft versuchen wir, etwas ändern zu wollen, was sich nicht mehr beeinflussen lässt. Wir wollen Kontrolle übernehmen, den Weltenlauf beeinflussen, das Rad der Zeit zurückdrehen. Allein: Uns fehlt die Macht dazu. Im Buddhismus heißt es ebenso schlicht wie wahr:

> Es ist, wie es ist.

GEMs halten deshalb auch nicht an Vergangenem fest, denn sie wissen, dass ein Leben in der Vergangenheit verhindert, sich mit der Gegenwart abzugeben. Sie verherrlichen nicht verflossene Zeiten. Sie begehen nicht den Fehler, den wir nur zu oft machen, nämlich zurückliegende Phasen und Ereignisse in goldenes Licht zu tauchen und uns sie zurückzuwünschen: „Och, was war es so schön, als ich noch ein Kind war. Diese Sorglosigkeit. Diese Unbeschwertheit." Von wegen! Was haben wir uns als Kinder über die Eltern und Geschwister geärgert, was haben uns die Lehrer und die Hausaufgaben genervt, welche Schmerzen hat uns der erste Liebeskummer bereitet. Aber all das verdrängen wir und glorifizieren die Jugend oder irgendwelche vergangenen Zeiten.

GEMs haben gerafft: Wir sind hier bei „So ist es!" und nicht bei „Wünsch dir was!". Es ist völliger Unsinn, gegen etwas anzukämpfen, was unumkehrbar ist. Das kostet nur unnötige Energie, die man sinnvollerweise darauf verwenden sollte, die Sachen zu ändern, die tatsächlich noch zu beeinflussen sind. Dabei geht es nicht nur um persönliche Dinge, die einem zustoßen, sondern auch um einige ganz grundsätzliche Lebensweisheiten, die es lohnt zu akzeptieren:

- Absolute Sicherheit gibt es nicht. Risiken lassen sich nie (völlig) ausschließen. Die Zukunft lässt sich nicht vorhersagen.
- Shit happens! Die Dinge laufen nicht immer so, wie man es sich wünscht.
- Vergangenes lässt sich nicht mehr rückgängig machen.
- Die Welt ist selten fair. Auch wenn man ein noch so guter Mensch ist, ist das keine Garantie dafür, dass einem nur Gutes widerfahren wird.
- Andere Menschen sind und denken anders als man selbst.
- Andere Menschen kann man nicht ändern.

Wie gesagt: GEMs haben diese unumstößlichen Einsichten verstanden und versuchen, sich diese stets in Erinnerung zu rufen, wenn es mal wieder einen Anlass zum Ärgern oder Ausflippen gibt. Da jedoch auch sie keine Übermenschen sind, kommt es durchaus zu Situationen, in denen ihnen der Geduldsfaden reißt oder in denen sie einfach nur laut schreien wollen. In diesen Momenten holen sie ganz tief Luft, denken sich „Das Passwort fürs Leben heißt Humor" und sprechen ganz leise das Gelassenheitsgebet des US-amerikanischen Theologen, Philosophen und Politikwissenschaftlers Karl Paul Reinhold Niebuhr (1892–1971):

> Gott, gib mir die Gelassenheit, Dinge hinzunehmen, die ich nicht ändern kann, den Mut, Dinge zu ändern, die ich ändern kann, und die Weisheit, das eine vom anderen zu unterscheiden.

Schlusswort: Mach dich lässig!

Wir leben in harten Zeiten. Beruf, Familie und Privatleben verlangen uns so einiges ab. Da ist es nur zu verständlich, wenn sich so viele Menschen mehr Gelassenheit wünschen. Aber mal ehrlich: Geht es uns wirklich so schlecht? Haben wir ernsthaft Grund zum Klagen? Sebastian Herrmann (2016), Redakteur der Süddeutschen, hat sich dazu seine Gedanken gemacht. Gestatten wir ihm hier etwas Raum dafür:

> Wir alle, die Bewohner der westlichen Wohlstandsländer, verhalten uns wie Prinzen und Prinzessinnen auf der Erbse. Es herrschen Lamentieren und Gejammer auf höchstem Niveau. Stress, Burnout, Kinder, Karriere, Allergie, Rassisten, Sexisten, Mobbing, Lebensmittelskandale, Kriminalität und überhaupt, die Widrigkeiten des Lebens stürmen zu zahlreich auf das verstörte Erbsen-Individuum ein, als dass diese hier auch nur annähernd vollständig aufgezählt werden könnten.Hat sich die Welt in einen Kindergarten voll verhaltensauffälliger Hypersensibelchen

verwandelt? Oder haben wir es einfach ziemlich gut? Je geringer Not und Elend ausgeprägt sind, desto aufdringlicher drückt die Erbse unter der rückenfreundlichen Allergiker-Matratze. Solange es durchs Dach regnet, die Menschen mit Hunger im Bett liegen und nicht wissen, wie sie morgen ihre Kinder satt bekommen sollen, spielt die Hülsenfrucht unter der Liegefläche dagegen keine Rolle. Wer echte Probleme hat, findet – so absurd das klingen mag – oft weniger Anlass zur Klage.

Bei guter Lebensqualität lässt es sich also am besten jammern. Lassen sich manche zeitgenössische Meckereien durch diesen Filter vielleicht als positive Zeichen deuten? Ist nicht alles gar so schlecht, wie es uns erscheint?

Herrmanns Ausführungen helfen, etwas realistischer auf unser Leben zu blicken. Dennoch verbleiben natürlich ausreichend Gelegenheiten, in denen wir mehr Ruhe, ein souveräneres Verhalten oder Gleichmut, kurz: mehr Gelassenheit, bitter nötig hätten. Die Geheimnisse gelassener Menschen, die ich für Sie zusammengetragen habe, zeigen, wie man zu einer entspannten Lebenseinstellung gelangt. Vielleicht haben Sie einige der Verhaltens- oder Denkweisen von GEMs inspiriert? Vielleicht helfen sie Ihnen, etwas entspannter zu werden? Vielleicht waren es auch einfach zu viele Informationen und Sie wissen nun gar nicht, was Sie damit anfangen sollen? Sollte Letzteres zutreffen, habe ich Vorsorge getroffen. Ich habe die zahlreichen Einsichten zu einer alltagstauglichen Anleitung komprimiert – zur LÄSSIG-Formel. Es handelt sich dabei um eine Heuristik, also um eine Methode, mit begrenztem Wissen und wenig Zeit zu guten Lösungen zu kommen. Sie kann Ihnen in sehr vielen Fällen das Leben erleichtern.

Wann immer Sie sich in einer unangenehmen oder belastenden Situation wiederfinden, gehen Sie einfach die einzelnen Schritte durch. Wenn Sie eine Frage mit „Ja" beantworten, dann springen Sie zum nächsten Schritt. Ein „Nein" sollte – zumindest theoretisch – dazu führen, dass Sie erkennen: „So schlimm ist's ja gar nicht, ich entscheide mich dafür, **lässig** zu bleiben." Vielleicht kann es sein, dass Sie bereits beim ersten Schritt einsehen: „Hey, ich habe da was falsch verstanden, kein Grund mich aufzuregen." Eventuell werden Sie auch die Frage 5 („I") mit „Nein" beantworten – aber dafür gibt es noch den abschließenden Tipp („G") …, der hilft immer, garantiert!

Däflers Gelassenheits-Heuristik: Die LÄSSIG-Formel

L: Leben bedroht?
Ist die Situation für mein Leben überhaupt von Bedeutung? Okay, das ist eine Killerfrage. 99 % der Dinge, über die wir uns ärgern, werden unser Leben nicht bedrohen. Das ist klar. Hier geht es um die Verhältnismäßigkeit. Gern können Sie die Frage modifizieren: Hat die Situation weitreichende Folgen, werde ich in einem Jahr noch daran denken? Wenn ich einem Hungernden im Jemen oder einem Hartz-IV-Empfänger in Duisburg die Situation schildern müsste, würde ich mich dafür schämen?

Ä: Ändern unmöglich?
Kann ich an der aktuellen Situation etwas ändern? Welche Maßnahmen könnte ich ergreifen, damit das unliebsame Ereignis aufhört? Was kann ich tun, um die negativen Folgen des Ereignisses so gering wie möglich zu halten oder vielleicht sogar komplett zu vermeiden?

S: Situation objektiv wahrgenommen?

Könnte es sein, dass ich vielleicht etwas falsch verstanden oder unvollständig/verzerrt mitbekommen habe? Hatte ich meine Brille auf und mein Hörgerät eingeschaltet? Also: War ich überhaupt aufmerksam? Bringt es etwas, wenn ich nachfrage? Worauf habe ich mich konzentriert und was habe ich ausgeblendet? Wenn ich die Situation gedanklich noch einmal durchspiele, fallen mir dann vielleicht positive Aspekte auf, die ich zuvor übersehen habe?

S: Standpunktwechsel vorgenommen?

Gelange ich zu einer positiven (positiveren) Beurteilung der Situation, wenn ich versuche, eine andere Erklärung (als meine intuitiv-spontane) für die Situation zu finden? Wenn ich die Perspektive des anderen einnehme, erkenne ich dann vielleicht für mich nachvollziehbare Argumente? Habe ich mich gefragt, aus welchen Motiven der andere vermutlich handelt? Gibt es eine andere als die nahe liegende Erklärung?

I: Interpretation versucht?

Kann ich der Situation etwas Positives abgewinnen? Könnte sich die Situation irgendwann in Zukunft vielleicht sogar als vorteilhaft erweisen? Was kann ich daraus lernen? Gibt es etwas, was ich tun kann, damit sich die Situation nicht wiederholt? Was würde mein bester Freund/meine beste Freundin wohl sagen, wenn ich ihm/ihr darüber berichte? Welchen Ratschlag würde er/sie mir geben?

G: Glas Rotwein trinken!

Wenn alles nichts hilft: Gießen Sie sich einen Rotwein, ein Bier oder einen Prosecco ein. Alternativ können Sie sich auch ein neues Paar Schuhe oder ein 27-teiliges Werkzeugset kaufen.

Literatur

Blodget, H. (2013). This simple ‚Power Pose' can change your life and career. http://www.businessinsider.com/power-pose-2013-5?op=1 .

Bruckner, J. (2014). Interview mit Christiane-Maria Drühe: „Fehlende Anerkennung ist frustrierend". http://www.sueddeutsche.de/karriere/unzufriedenheit-im-job-fehlende-anerkennung-ist-frustrierend-1.1720095 .

Carlin, F. (2019). Protect yourself from emotional contagion. https://www.psychologytoday.com/us/articles/201906/protect-yourself-emotional-contagion .

Carlson, R. (2005). *100 Regeln für ein gutes Leben*. München: Knaur.

Covey, S. (2012). *Die 3 Alternative – So lösen wir die schwierigsten Probleme des Lebens*. Offenbach: GABAL.

Craig, N., & Snook, S. (2014). Vom Sinn zur Wirkung. *Harvard Business Manager, 36*(9), 86–95.

Cuddy, A. (2016). *Dein Körper spricht für dich*. München: Mosaik.

Cuddy, A. J. C., Wilmuth, C. A., & Carney, D. R. (2012). Preparatory power posing affects performance and outcomes in social evaluations. http://www.hbs.edu/faculty/Pages/item.aspx?num=43005.
Ebert, V. (2009). *Denken Sie selbst!* (13. Aufl.). Reinbek: Rowohlt.
Ebert, V. (2011). *Machen Sie sich frei!* Reinbek: Rowohlt.
Ferriss, T. (2011). *Die 4-Stunden-Woche – Mehr Zeit, mehr Geld, mehr Leben.* Berlin: Ullstein.
Fisher, R., Ury, W., & Patton, B. (2009). *Das Harvard-Konzept – Der Klassiker der Verhandlungstechnik.* Frankfurt a. M.: Campus.
Fried, A. (1999). *Die Störenfrieds – Geschichten von Leo und Paulina.* München: Goldmann.
Gerlach, P., Teodorescu, K., & Hertwig, R. (2019). The truth about lies: A meta-analysis on dishonest behavior. *Psychological Bulletin, 145*(1), 1–44.
Glasl, F. (2020). *Konfliktmanagement* (12. Aufl.). Bern: Haupt.
Gruber, C. (2013) Gesundheitsvorsorge – Ärzte streiten über Effekte von Walken und Joggen. http://www.spiegel.de/gesundheit/ernaehrung/kalorienverbrauch-forscher-streiten-ueber-effekt-von-walken-und-joggen-a-896768.html.
Grzeskowitz, I. (2014). *Die Veränderungs-Formel: Aus Problemen Chancen machen* (2. Aufl.). Offenbach: GABAL.
Hauschild, J. (2014). Die Kraft der Freundschaft. http://www.spiegel.de/gesundheit/psychologie/freundschaften-sind-gut-fuer-die-gesundheit-a-954153.html.
Helwig, P. (1967). *Charakterologie* (2. Aufl.). Freiburg: Herder.
Herrmann, S. (2016). Wir Jammerlappen! http://www.sueddeutsche.de/leben/hysterie-wir-jammerlappen-1.3058315.
Hodgkinson, T. (2014). *Anleitung zum Müßiggang* (2. Aufl.). Berlin: Insel.
Höffe, Ot (Hrsg.). (2015). *Lesebuch zur Ethik: Philosophische Texte von der Antike bis zur Gegenwart* (6. Aufl.). München: Beck.

Holt-Lunstad, J. (2010). Social relationships and mortality risk: A meta-analytic review. http://www.plosmedicine.org/article/info%3Adoi%2F10.1371%2Fjournal.pmed.1000316.

Hunt, J. (2009). *The art of the idea*. New York: PowerHouse Books.

Hurst, F. (2016). „Da stehe ich drüber". http://www.spiegel.de/einestages/robert-wadlow-der-groesste-mann-der-welt-a-951035.html.

Ibarra, H. (2015). Mythos Authentizität. *Harvard Business Manager, 37*(4), 20–29.

Kabat-Zinn, J. (2014). *Jeder Augenblick kann dein Lehrer sein*. München: Barth.

Kahnemann, D. (2015). *Schnelles Denken, Langsames Denken* (16. Aufl.). München: Pantheon.

Katie, B. (2002). *Lieben was ist. Wie vier Fragen Ihr Leben verändern können*. München: Goldmann.

Kay, J. (2011). *Obliquity*. München: Dtv.

Kirschner, J. (2000). *Die Kunst, ein Egoist zu sein*. München: Droemersche Verlagsanstalt Th. Knaur Nachf.

Klein, S. (2013). *Die Glücksformel oder Wie die guten Gefühle entstehen*. Frankfurt a. M.: Fischer.

Langer, E. (2014). Das Leben besteht aus Augenblicken. *Harvard Business Manager, 36*(4), 34–42.

Lee, L. O., James, P., Zevon, E. S., Kim, E. S., Trudel-Fitzgerald, C., Spiro, A., Grodstein, F., & Kubzansky, L. D. (2019). Optimism is associated with exceptional longevity in 2 epidemiologic cohorts of men and women. *Proceedings of the National Academy of Sciences, 116*(37), 18357–18362.

Leipprand, T., & Schwalbach, M. (2014). Inseln der Reflexion. *Harvard Business Manager, 36*(6), 84–89.

Lelord, F. (2012). *Hectors Reise oder die Suche nach dem Glück* (27. Aufl.). München: Piper.

Lütz, M. (2009). *Irre – Wir behandeln die Falschen: Unser Problem sind die Normalen* (20. Aufl.). Gütersloh: Gütersloher Verlagshaus.

Mai, J. (2014). Biofeedback: Wie unser Gang auf die Psyche wirkt. http://karrierebibel.de/biofeedback-wie-unser-gang-auf-die-psyche-wirkt.

Montazeri, D. (2014). Ballbesitz schlägt Konterfußball. http://www.spiegel.de/sport/fussball/weltmeister-elf-loew-taktik-brachte-den-sieg-in-rio-a-980850.html.

Müller-Lissner, A. (2012). Sport allein lässt keine Kilos purzeln. http://www.zeit.de/wissen/gesundheit/2012-05/abnehmen-sport.

Niazi-Shahabi, R. (2013). *Ich bleib so scheiße, wie ich bin* (13. Aufl.). München: Piper.

Nuhr, D. (2015). *Das Geheimnis des perfekten Tages*. Köln: Lübbe.

Nürnberger, E., Geisselhart, R., & Hofmann, C. (2012). *Stressfrei arbeiten*. Freiburg: Haufe.

Ohne Verfasser (2007). Bewegungsmangel hat schwere Folgen. http://www.ksta.de/panorama/bewegungsmangel-hat-schwere-folgen,15189504,13425296.html.

Ohne Verfasser (2012). Freistil-Aus für Britta Steffen. http://www.spiegel.de/sport/sonst/olympia-2012-britta-steffen-scheitert-auch-ueber-100-meter-freistil-a-847761.html.

Quecke (2020). Von Beleidigungen bis Handgreiflichkeiten habe ich schon alles erlebt. https://www.spiegel.de/karriere/deutsche-bahn-von-beleidigungen-bis-zu-handgreiflichkeiten-habe-ich-schon-alles-erlebt .

Rosenberg, M. B. (2010). *Gewaltfreie Kommunikation – Eine Sprache des Lebens* (9. Aufl.). Paderborn: Junfermann Verlag.

Schäfer, B. (2014). *Die Gesetze der Gewinner* (11. Aufl.). München: Deutscher Taschenbuch Verlag.

Schindler, J. (2014). Der Uhr-Mensch. *Der Spiegel, 67*(36), 114–120.

Schmid, W. (2012). *Unglücklich sein – Eine Ermutigung* (2. Aufl.). Berlin: Insel.

Sima, J. (2019). Gesetz der Anziehung: So profitieren Sie davon. https://karrierebibel.de/gesetz-der-anziehung/

Sprenger, R. (2020). *Magie des Konflikts*. München: Deutsche Verlags-Anstalt.

Stokowski, M. (2016). Oben und unten: Geil, Resignation! http://www.spiegel.de/kultur/gesellschaft/detox-als-flucht-in-ein-neue-lebensform-kolumne-margarete-stokowski-a-1074391.html.

Sutter, M. (2014). *Die Entdeckung der Geduld – Ausdauer schlägt Talent*. Salzburg: Ecowin Verlag.

Sutter, M. (2016). Geduld, nur Geduld! http://www.faz.net/aktuell/beruf-chance/campus/bildungsforschung-geduld-nur-geduld-14031697.html?GEPC=s5.

Tepperwein, K. (2013). *Nichts geschieht umsonst*. Güllesheim: Verlag Die Silberschnur.

Trentmann, N. (2012). Fünf Dinge, die Sterbende am meisten bedauern. http://www.welt.de/vermischtes/article13851651/Fuenf-Dinge-die-Sterbende-am-meisten-bedauern.html.

van der Horst, M., & Coffé, H. (2012). How friendship network characteristics influence subjective well-being. *Social Indicators Research, 107*(3), 509–529.

Voß, O. (2009). Multitasking mindert die Konzentrationsfähigkeit. http://www.wiwo.de/erfolg/trends/studie-multitasking-mindert-die-konzentrationsfaehigkeit/5571028.html.

Ware, B. (2015). *5 Dinge, die Sterbende am meisten bereuen: Einsichten, die Ihr Leben verändern werden*. München: Goldmann.

Watzlawick, P. (1984). *Anleitung zum Unglücklichsein* (12. Aufl.). München: Piper.

Williams, J. E., Paton, C. C., Siegler, I. C., Eigenbrodt, M. L., Nieto, F. J., & Tyroler, H. A. (2000). Anger proneness predicts coronary heart disease risk: Prospective analysis from the atherosclerosis risk in communities (ARIC) study. *Circulation, 101*(17), 2034–2039.

Winnemuth, M. (2014). *Das große Los*. München: Btb.

Wiseman, R. (2013). *Machen, nicht denken!* Frankfurt a. M.: Fischer.

Wrzus, C., Wagner, J., & Neyer, F. J. (2011). The interdependence of horizontal family relationships and friendships relates to higher well-being. http://www.uni-jena.de/unijenamedia/-p-50517.pdf?rewrite_engine=id.

GPSR Compliance
The European Union's (EU) General Product Safety Regulation (GPSR) is a set of rules that requires consumer products to be safe and our obligations to ensure this.

If you have any concerns about our products, you can contact us on

ProductSafety@springernature.com

In case Publisher is established outside the EU, the EU authorized representative is:

Springer Nature Customer Service Center GmbH
Europaplatz 3
69115 Heidelberg, Germany

www.ingramcontent.com/pod-product-compliance
Lightning Source LLC
LaVergne TN
LVHW020341260326
834688LV00045B/1480